STEFANIA IGNELZI

AFFITTI RISCHIO ZERO

Metodo e Strategie per Affittare Case Senza Rischi e Vivere di Rendita

Titolo

"AFFITTI RISCHIO ZERO"

Autore

Stefania Ignelzi

Editore

Bruno Editore

Sito internet

http://www.brunoeditore.it

Sommario

A L.,

che da otto anni ha la forza e la pazienza

di condividere la vita con me…

con stima e amore.

Introduzione

«Il 90% degli uomini più ricchi del mondo lo sono diventati investendo nell'immobiliare» (*Andrew Carnegie*)

Affittare case senza rischi oggi in Italia sembra un'utopia o, peggio, una beffarda provocazione. È impossibile, obiettano i più scettici e i proprietari di case che, loro malgrado, hanno vissuto sulla loro pelle la frustrante esperienza di uno sfratto.

Gli inquilini non pagano, devastano gli appartamenti, mettono le radici in casa tua e non li mandi più via. E la legge è dalla loro parte: per uno sfratto servono anni e diverse migliaia di euro per le spese legali. E poi le tasse sugli affitti sono troppo alte. No, meglio tenere le case vuote, piuttosto che darle in affitto. Ormai non conviene più!

Ecco, il mio scopo in questo libro è proprio quello di dimostrare che, invece, affittare case e dormire sonni tranquilli è un binomio possibile, e che si tratta anche di un'attività redditizia e ricca di soddisfazioni. Nelle pagine che seguono, spiegherò in maniera chiara e semplice il mio metodo "Affitti Rischio Zero", frutto di tanti anni di studio e di esperienza sul campo.

Le strategie che consiglio sono innovative, da un lato perché permettono guadagni sicuri sin da subito, dedicando poche ore, senza pagare provvigioni a intermediari e senza diventare schiavi di piattaforme come Airbnb, che costringono i proprietari di case ad abbassare sempre di più i prezzi, a fronte di un impegno e una dedizione totali, con una concorrenza spietata e recensioni di ospiti che non sempre rendono onore e merito all'impegno e agli sforzi profusi; dall'altro lato, perché permettono di soddisfare le esigenze abitative di una particolare fetta di mercato di possibili inquilini ad alta redditività e a rischio molto prossimo allo zero, a cui ancora pochi proprietari rivolgono la loro offerta.

Nonostante io svolga la professione di avvocato immobiliarista da quasi quindici anni, quello che ti appresti a leggere non è un trattato di diritto pieno di termini giuridici incomprensibili, bensì un manuale scritto in modo semplice e chiaro, con un taglio esclusivamente pratico, ricco di strategie efficaci da applicare sin da subito per affittare il tuo immobile in tutta serenità e iniziare a goderne i profitti. Le pagine che seguono sono il frutto dell'esperienza di tanti anni di vita vissuta sul campo in una duplice veste: quella professionale, di avvocato che ha seguito decine di pratiche di sfratto, ma anche e soprattutto quella di investitore immobiliare partita da zero e di proprietaria di diversi immobili, tutti affittati con profitto.

Nel libro, infatti, troverai raccontata anche parte della mia storia, quella di una giovanissima professionista che, dopo soli pochi anni di attività, era già sprofondata in una crisi che pareva irreversibile e che invece, proprio da quel momento buio, ha tratto la forza di volontà per studiare qualcosa di innovativo, il coraggio di sperimentare in prima persona le stesse strategie descritte in questa sede e che l'ha portata a diventare una felice proprietaria immobiliare che vuole divulgare il messaggio ad amici e clienti.

Tanto che, in quasi sette anni di attività immobiliare ininterrotta e centinaia di inquilini selezionati, il tasso di morosità e di sfratti è pari a zero. Sì, hai letto bene: nessun problema, nessuno sfratto, neanche un euro perso, nessun immobile devastato. Qual è il mio segreto? Non uso trucchi magici, ho soltanto un metodo ben collaudato, costituito da una serie di strategie frutto di tanto studio, di tanta esperienza sul campo e anche di tanti errori commessi. Strategie che partono dalla scelta dell'immobile giusto per arrivare alla redazione del contratto di locazione in maniera corretta, passando per la ricerca dell'inquilino perfetto.

Lo scopo di questo libro è proprio quello di divulgare il mio metodo e di consentirmi di raggiungere la più grande soddisfazione come avvocato immobiliarista: lasciar dormire sonni tranquilli ai miei clienti, proteggendone il patrimonio e aiutandoli così a crearsi una rendita passiva che permetta loro di realizzare i propri sogni.

Da ultimo vorrei scambiare una promessa con te che stai leggendo, magari con la testa piena di comprensibili pregiudizi o di legittimi dubbi. A te, che come me e i miei clienti sei proprietario di una o magari più case che vorresti affittare, io prometto che se applicherai alla lettera tutte le strategie che illustro in questo libro, potrai ritrovare la fiducia in questa attività e goderti le enormi possibilità di guadagno che offre il mercato. In cambio del tuo tempo prezioso e della tua fiducia, ti chiedo solo un piccolo sforzo: per il tempo di lettura di questo libro, svuota la tua mente da tutte le esperienze passate, soprattutto se negative, dai luoghi comuni, dai preconcetti, dai falsi miti che circolano sul web e nelle chiacchiere da bar.

Svuotare la mente significa mettere in discussione tutto ciò che fino ad oggi hai dato per certo e incontestabile, per essere pronto ad accogliere le nuove opportunità di conoscenza che la vita ti presenta; significa liberare il terreno dalle erbacce e dalle pietre che rappresentano le preoccupazioni, i dubbi e le angosce, che spesso sono frutto delle opinioni di chi ti circonda.

Per spiegarti meglio cosa intendo, ti racconto una breve storia Zen. Un giorno un filosofo si recò da un maestro Zen e gli disse: «Sono venuto a informarmi sullo Zen, su quali siano i suoi principi e i suoi scopi». «Posso offrirti una tazza di tè?» gli domandò il Maestro. E incominciò a versare il tè da una teiera. Quando la tazza fu colma, il Maestro continuò a versare il liquido, che traboccò. «Ma che cosa fai?» sbottò il filosofo. «Non vedi che la tazza è piena e stai rovesciando il tè?» «Come questa tazza»,

9

disse allora il Maestro, «anche la tua mente è troppo piena di opinioni e di congetture perché le si possa versare dentro qualcos'altro. Come posso spiegarti lo Zen, se prima non vuoti la tua tazza?»

Quindi, se sei già proprietario di immobili, se vuoi intraprendere la carriera di investitore immobiliare, se hai un piccolo capitale per comprare un immobile oppure – meglio – se godi di credito bancario e vuoi utilizzarlo per acquistare un immobile da mettere a reddito, svuota la tua mente e inizia a leggere questo libro che sarà un prezioso alleato da consultare ogni volta che ti troverai nella situazione di... affittare case senza rischi!

Al tuo successo immobiliare!

Stefania Ignelzi

Capitolo 1:
Vivere di affitti si può... e conviene!

«Se non trovi un modo di fare soldi mentre dormi,
dovrai lavorare finché avrai vita» (*Warren Buffett*)

In questo libro, il mio scopo é fornirti una guida semplice e chiara, da seguire passo passo, che ti aiuti a raggiungere l'obiettivo che io stessa ho raggiunto: guadagnare affittando case e dormire sonni tranquilli. Anche se parti da zero, anche se la tua formazione e la tua professione sono molto distanti dal mondo immobiliare, ti basterà seguire e applicare alla lettera le mie indicazioni. Ne sono certa, perché anch'io sono partita da zero e, grazie alla mia tenacia, agli studi, all'esperienza sul campo e anche ai tanti errori commessi, oggi posso dire di essere una proprietaria di case realizzata e, soprattutto, di avere davvero aiutato le tante persone che si sono rivolte a me per una consulenza ad affittare le loro case con profitto e senza rischi.

Prima di tutto, vorrei condividere con te una parte della mia storia

11

professionale, ma anche personale, per farti comprendere che, per avere successo in questa attività, non è necessario essere nati privilegiati, magari in una ricca famiglia di notai o di imprenditori, ma sono sufficienti un po' di forza di volontà e un po' di impegno.

Sono nata in provincia, in una famiglia della classe operaia, e il mio destino sembrava già segnato anche dalle avversità economiche e familiari. Mi sono innamorata della professione di avvocato all'età di 15 anni, guardando *Philadelphia*, il film che descrive la figura dell'avvocato come davvero dovrebbe essere: l'eroe che aiuta le persone a far valere i propri diritti, che soffre e lotta insieme a loro per aiutarle a far trionfare la giustizia. Tra mille difficoltà, ho sempre creduto nel mio sogno e nelle mie capacità e così, giovanissima, superato l'esame con voti brillanti, sono diventata avvocato e, poco dopo, ho fondato il mio studio, realizzando così il sogno di una vita.

Tuttavia, dopo pochi di anni di attività, ero già in crisi perché la professione, nella pratica, non è come me la aspettavo. Già, la vita reale non è come nei film! Nella realtà mi sono scontrata con un mondo completamente diverso, un mondo fatto di leggi che sono più ostacoli da superare che non un aiuto per le persone. Una realtà in cui spesso il nobile scopo di una legge viene totalmente capovolto e norme nate con lo scopo di tutelare la parte più debole diventano invece strumenti di abuso dei diritti altrui.

Uno dei casi più eclatanti è proprio quello delle leggi che regolamentano gli affitti e le procedure di sfratto, nate con lo scopo di tutelare l'inquilino, la parte contrattuale più debole, ma utilizzate spesso in maniera totalmente distorta contro i proprietari di casa. In pochi anni di professione, mi sono resa conto che molto spesso è proprio il proprietario la parte più debole, che avrebbe bisogno di una tutela che la legge non gli riconosce.

La società dipinge i proprietari immobiliari come dei ricchi Paperoni che guadagnano sulla pelle delle classi più povere costrette a vivere in affitto, ma nella stragrande maggioranza dei casi non è così. I proprietari che affittano le loro case sono persone che hanno ereditato un immobile, frutto del sudore della fronte dei loro padri e dei loro nonni, oppure persone lungimiranti che hanno studiato e applicato le tecniche di investimento immobiliare che io stessa oggi insegno nei miei seminari (per un approfondimento visita il sito www.ignelziacademy.it) per crearsi delle rendite passive – cioè un reddito extra lavorativo che non dipende dal numero di ore lavorate – oppure, ancora, persone che hanno fatto enormi sacrifici per comprare "il mattone", per lasciare qualcosa di buono ai loro figli e ai loro nipoti.

Le case non sono solo mattoni e cemento, ma rappresentano il sogno di molte persone, il salvadanaio per le generazioni che verranno. Ebbene, una volta che l'inquilino varca la soglia della loro casa, questi proprietari sono totalmente in balìa del loro ospite e non resta loro che sperare. Sì, sperare. Sperare che l'inquilino sia onesto, educato, pulito, che non faccia troppi danni agli arredi e, soprattutto, che paghi regolarmente l'affitto e le spese condominiali. E che a fine contratto liberi la casa e non vi "metta le radici".

Nei primi anni della mia attività professionale, ho seguito decine e decine di sfratti e ho incontrato lo sguardo di altrettanti proprietari immobiliari, arrabbiati, amareggiati e frustrati dalla lenta e costosa macchina della giustizia italiana, i quali hanno impiegato in media almeno un anno e mezzo e hanno speso qualche migliaio di euro prima di liberare le loro proprietà da un inquilino moroso, per vedersi restituire indietro un immobile magari gravemente danneggiato o, comunque, nel migliore dei casi, in uno stato certamente peggiore di come lo avevano consegnato.

Proprio da quel senso di frustrazione che leggevo nei loro occhi è nata in me una profonda crisi professionale, ma anche personale. La loro frustrazione poco a poco diventava la mia, la avvertivo nel mio profondo, e il mio senso di inutilità cresceva. Non era per questo che avevo lottato contro mille ostacoli, non era questa la mia concezione dell'esercitare l'avvocatura. Eppure svolgevo il mio compito con etica e professionalità e mi adoperavo al meglio per velocizzare i tempi. Tuttavia, le lunghe tempistiche non dipendevano certo da me, ma dalla macchina della giustizia, spesso paradossale e kafkiana.

Così, alla fine dell'odissea giudiziaria chiamata "procedura di sfratto", erano sempre più numerosi i proprietari immobiliari che pronunciavano frasi come: «Basta, da oggi in poi la casa la tengo vuota, almeno non mi rodo il fegato»; oppure: «Dopo tanti sacrifici per comprare questa casa, alla fine ho soltanto sprecato i miei soldi»; oppure ancora: «Almeno non devo anche mantenerlo l'inquilino, in questi anni ho dovuto pagargli anche il gas!» E con il loro numero, cresceva anche il mio senso di frustrazione.

Non tollerando più questa situazione, a circa trent'anni ho deciso di dare una svolta al mio modo di esercitare la professione e mi sono chiesta come avrei potuto aiutare davvero i miei futuri clienti a guadagnare con gli affitti e come avrei potuto ridare fiducia ai proprietari immobiliari. Ci sono diversi modi di concepire la funzione sociale dell'avvocato e altrettanti modi di esercitare la professione.

Io ho avuto da sempre ben chiaro nella mente quale fosse il mio: voglio aiutare le persone a prevenire i problemi legali, non a intervenire quando ormai il problema si è verificato, perché la vera differenza la posso fare solo in fase di consulenza, dando i consigli e i suggerimenti giusti, e non quando ormai le scelte sono state fatte e i contratti sono stati firmati. Questa è la filosofia che da sempre mi accompagna in modo costante nell'esercizio della mia professione, e questa è la filosofia che volevo applicare anche nell'ambito immobiliare. Bene, il mio obiettivo era chiaro, l'avevo scritto e ora non restava che mettermi all'opera per realizzarlo.

Il punto di partenza l'ho trovato negli insegnamenti di un genio della finanza, Warren Buffett, imprenditore ed economista statunitense, soprannominato "l'oracolo di Omaha", per la sua sorprendente abilità negli investimenti finanziari, il cui motto è: «Il rischio nasce dal non sapere cosa stai facendo». Così ho ricominciato a studiare, come se fossi ritornata all'università. La differenza era che non studiavo più solo concetti astratti e teorici, ma studiavo e apprendevo le tecniche di investimento immobiliare da grandi imprenditori del settore che avevano ottenuto risultati sorprendenti.

In particolare ho imparato che è possibile acquistare immobili utilizzando solo parzialmente soldi propri, facendosi finanziare la gran parte della somma da una banca (con un mutuo ipotecario) o da soci di capitale (attraverso un contratto di associazione in partecipazione), utilizzando la leva finanziaria per moltiplicare le possibilità di investimento e di guadagno. Una volta messi a reddito, la rata del mutuo e tutte le spese inerenti l'immobile, sono pagate integralmente dall'inquilino e, spesso, avanza anche del denaro che genera il cosiddetto cash flow positivo a fine mese, ovvero un flusso di denaro extra, indipendente dal numero di ore di lavoro.

Pensavo che tutto ciò fosse troppo bello per essere vero. Infatti i grandi imprenditori che nel frattempo erano divenuti i miei mentori vivono e operano negli Stati Uniti, mentre qui in Italia il mercato immobiliare è innegabilmente diverso.

Quando accennavo l'idea ad amici e clienti, raccoglievo mille obiezioni: le banche, in generale, erogano al massimo l'80% del capitale necessario e questo comporta che una buona fetta dell'investimento sia comunque a carico tuo, le tasse sulla proprietà e sul reddito percepito da affitti in Italia sono alte e poi c'era la nota problematica dei tempi e dei costi degli sfratti.

Resta il fatto che io ci ho creduto sin dal primo giorno in questo ambizioso progetto: comprare case da affittare per garantire un reddito totalmente slegato dalla quantità di lavoro e di tempo che si dedicherà a questa attività. Non mi ci è voluto molto per fare una ricerca sulla fiscalità immobiliare in Italia e verificare che, in realtà, viviamo in un Paese in cui la tassazione immobiliare è particolarmente vantaggiosa e per trovare un professionista del credito che mi aiutasse a individuare istituti bancari disposti a erogare anche più del classico 80% del valore dell'immobile, e anche a finanziare più di un'operazione, a fronte della dimostrazione del valore economico delle operazioni che svolgevo.

Per portare a termine il mio ambizioso progetto, dovevo solo elaborare un metodo per affittare le case e non avere né rischi né problemi. Più studiavo e approfondivo manuali teorici e casi pratici di sfratti che si accumulavano sulla mia scrivania, più mi rendevo conto che i problemi nascevano a monte: nella scelta errata dell'immobile da affittare, del suo allestimento e dell'arredo, nella scelta dell'inquilino e in quella del contratto e della relativa tassazione applicabile.

A me era tutto molto chiaro, ma quando lo spiegavo ai proprietari immobiliari, questi ultimi restavano scettici e non erano ancora disposti a darmi fiducia. Tuttavia io credevo fermamente nel metodo che avevo elaborato e, per dimostrare ai miei clienti che era davvero efficace, non avevo altra scelta che testarlo sulla mia pelle, sui miei immobili, ovvero sulle mie tasche! Ormai, dopo tanti anni di attività continuativa sul campo, e dopo qualche centinaio di immobili e inquilini selezionati, posso affermare che il mio metodo "Affitti Rischio Zero" funziona perfettamente.

Così, grazie al mio enorme lavoro di studio, di elaborazione della strategia e di applicazione pratica, ho finalmente raggiunto l'obiettivo più importante della mia vita professionale: passare dall'essere un giovane avvocato frustrata e amareggiata dalla professione e dalla giustizia, ad essere una professionista realizzata, che svolge il proprio compito con soddisfazione e gratificazione.

La mia è stata una vera e propria trasformazione che, per la verità, ha coinvolto non solo la sfera lavorativa, ma anche quella personale: è stato sorprendente trovarmi la sera a chiudere la porta dello studio con il sorriso, pensando al cliente che poche ore prima era uscito da quella stessa porta con gli occhi che brillavano e non con una smorfia di sdegno dipinta in volto. Cos'era cambiato? Io ero cambiata. Finalmente avevo trovato il coraggio di seguire le mie aspirazioni e di ritrovare l'entusiasmo della ragazzina di 15 anni che, guardando *Philadelphia* al cinema, sognava di diventare avvocato e di aiutare gli altri.

Finalmente quel sogno sento di averlo davvero realizzato: i miei clienti si rivolgono a me principalmente per chiedermi consulenze su come investire i loro risparmi in campo immobiliare e per conoscere il metodo "Affitti Rischio Zero", per essere sicuri che i loro risparmi possano dare ottimi frutti senza perdere il sonno e vivere nell'angoscia che l'inquilino non paghi. Oggi ho clienti soddisfatti, ben contenti di pagare le mie parcelle perché, grazie ai miei consigli, ottengono risultanti importanti e soddisfacenti.

E da ultimo, ma non per importanza, c'è un'altra categoria di persone che, anche se indirettamente, beneficia della mia consulenza: gli inquilini. Persone che finalmente trovano una soluzione a un'esigenza abitativa che nessuno aveva colto e che nessuno aveva pensato di soddisfare, che trovano accoglienza in appartamenti ben arredati, pensati per soddisfare ogni loro

21

necessità, persone che spesso mi ringraziano per avere reso il loro soggiorno un'esperienza piacevole e ricca di emozioni.

Confucio diceva: «Ama il tuo lavoro e non lavorerai mai un giorno in vita tua». Per me è proprio così. In questo momento, quando penso alla mia vita professionale, fra me e me, dico: «Wow, quanto sono fortunata!» In fondo non ho fatto altro che applicare quanto suggerito da uno dei miei più grandi ispiratori, Steve Jobs, il quale diceva: «Il lavoro riempirà gran parte della vostra vita, perciò l'unico modo che avete di essere soddisfatti di ciò che fate è fare un buon lavoro, e per fare un buon lavoro bisogna amarlo. Se non lo avete ancora trovato, cercatelo, come si fa con l'amore: capirete che è quello giusto quando lo troverete».

Ecco, questo libro nasce con lo scopo di condividere il frutto del mio lavoro, le mie strategie semplici e pratiche con quante più persone possibile, affinché proprietari frustrati e demotivati (come lo ero io nella mia professione) possano diventare proprietari ed investitori soddisfatti della propria attività ed essere sempre più motivati verso il traguardo di vivere di affitti e dormire sonni tranquilli.

Nell'introduzione ti ho chiesto di farmi una promessa: ebbene, è arrivato il momento di mettere in campo tutte le tue forze per mantenerla. Posso affermare con estrema certezza e sicurezza che tutte le paure relative alle possibili problematiche legate all'affitto di case derivano soltanto da falsi problemi, falsi luoghi comuni e convinzioni limitanti, di cui ti devi sbarazzare il prima possibile. Una convinzione non è altro che una sensazione di assoluta certezza riguardo a un determinato fatto o concetto, è qualcosa che diamo per scontato, perché è talmente radicata nella nostra testa che non è passibile di essere messa in dubbio neanche per un istante.

STRATEGIA n. 1: tutte le paure relative alle possibili problematiche legate all'affitto di case derivano soltanto da falsi problemi, falsi luoghi comuni e convinzioni limitanti, di cui ti devi sbarazzare il prima possibile.

Le convinzioni possono trovare la loro fonte in esperienze concrete vissute in prima persona, oppure in riferimenti esterni, come ad esempio esperienze che ci hanno raccontato persone a noi vicine, o lette sul web, oppure addirittura nate nella nostra immaginazione, per esempio nelle nostre paure, nel nostro dialogo interiore.

Se ci pensi, il meccanismo è circolare e si auto-rafforza: se sono convinta che sia possibile ottenere ottimi profitti affittando case, e che questa attività non comporti alcun rischio, metterò in campo tutte le mie energie per studiare il metodo descritto in questo libro, applicherò con entusiasmo tutte le strategie qui descritte e otterrò così risultati positivi che, a loro volta, rafforzeranno la mia convinzione iniziale. Pertanto, dirò a me stessa con orgoglio «Brava, avevi proprio ragione!» e sarò pronta per la successiva operazione che inizierò piena di entusiasmo, di positività e di voglia di fare. Il che mi porterà a un nuovo successo e così via.

Purtroppo, lo stesso meccanismo funziona anche in negativo. Se fossi partita sfiduciata, poco convinta e piena di pregiudizi, probabilmente la mia prima operazione sarebbe stata fallimentare e ciò non avrebbe fatto altro che portarmi a pensare che avevo ragione ad essere scettica e, quindi... beh, non sarei qui a illustrarvi il mio metodo, ma probabilmente sarei una dei tanti colleghi che passano il tempo fra un'udienza e l'altra lamentandosi della giustizia, del sistema giuridico italiano e della professione che non è più quella di una volta.

In altre parole, ciò che noi crediamo influenza profondamente il nostro comportamento e può farci partire con l'acceleratore a tavoletta oppure farci rimanere bloccati con il freno a mano tirato; può farci raggiungere traguardi importanti e ricchi di soddisfazioni, oppure farci restare schiavi delle nostre paure, fondate magari su una singola esperienza negativa o, peggio, su quella insistente vocina interiore che ti tormenta ripetendoti «lo dicono tutti, quindi deve essere così». Questo dipende solo da te e il mio scopo, in questo primo capitolo, è proprio quello di aiutarti a liberare la mente e a far tacere la tua vocina interiore e tutti i falsi luoghi comuni, che quotidianamente martellano il nostro cervello.

STRATEGIA n. 2: svuota la tua mente e metti in discussione tutto ciò che fino a oggi hai dato per certo e incontestabile, per essere pronto ad accogliere le nuove opportunità di conoscenza che la vita ti presenta.

Nella mia ultradecennale esperienza di avvocato, ho individuato principalmente quattro motivi o convinzioni, che trattengono i proprietari di immobili dall'affittare le loro proprietà e i nuovi investitori dal mettere in campo nuove operazioni. Vediamole insieme:

1. paura degli inquilini che non pagano;
2. paura di danni alla proprietà e di problemi con i vicini;
3. paura della lentezza e dei costi degli sfratti;
4. paura che le tasse sui redditi da affitti siano troppo alte.

Intanto ti faccio notare che in ciascuno dei punti ho utilizzato la parola "paura" non a caso. Infatti, nella stragrande maggioranza dei casi si tratta proprio di timori che nascono dal "sentito dire": esperienze negative di amici e conoscenti, informazioni recuperate qua e là sul web, magari non errate, ma semplicemente riferite a casi completamente diversi dal tuo. Insomma, come ti ho detto, si tratta di vere e proprie credenze delle quali prima ci si sbarazza e prima si può cominciare a ottenere profitti e soddisfazioni! Esaminiamo insieme un punto per volta e iniziamo a demolire le false credenze, a liberarcene in maniera definitiva.

1. Paura degli inquilini che non pagano

È vero che molti inquilini non pagano quanto dovuto. Ti sei mai chiesto chi sono queste persone? Quelle che non hanno nulla da perdere o, per dirla in termini tecnici, soggetti che non hanno beni di proprietà o crediti utilmente aggredibili con un pignoramento. Tuttavia, se selezioni attentamente il tuo inquilino e gli chiedi la documentazione corretta, non avrai mai il problema della morosità.

Pensi che una persona con un reddito dichiarato o una proprietà immobiliare voglia farsi pignorare lo stipendio o la casa di proprietà? So cosa stai pensando, chi se lo può permettere, in Italia, non va in affitto, la casa la compra (scelta discutibile quest'ultima, ma non è questa la sede per approfondire; se ti interessa conoscere la motivazione, ti invito a seguire uno dei miei corsi sugli investimenti immobiliari). Tieni conto che viviamo in un momento storico in cui accade sempre più di frequente – e accadrà sempre di più in futuro – che le persone, in particolare i più giovani, si spostino per lavoro o per seguire corsi di formazione, per periodi più o meno lunghi. Non anticipo nient'altro, perché questo è il cuore del capitolo 4.

2. Paura di danni alla proprietà e di problemi con i vicini

Se non selezioni con cura il tuo inquilino, molto probabilmente la tua proprietà subirà dei danni, certo. Affitteresti il tuo appartamento a una famiglia con cinque figli di età compresa fra i 3 e i 15 anni, di cui uno batterista dilettante? Probabilmente no. Il problema è che, se non poni le domande giuste all'inizio, l'inquilino non ti racconta tutte le passioni della sua famiglia. Nel capitolo 4 vedremo anche quali sono le domande giuste da fare al potenziale inquilino e i modi più appropriati di porgerle.

3. Paura della lentezza e dei costi degli sfratti

In più di dieci anni di esperienza come avvocato, ho seguito decine e decine di procedure di sfratto e ti posso assicurare che in Italia gli sfratti sono lunghi e costosi. Inoltre, non tutti sanno che si sfrattano anche inquilini che hanno sempre pagato fino all'ultimo centesimo.

Com'è possibile? Semplicemente ci sono famiglie di inquilini che dopo tanti anni di permanenza in una casa, si trovano bene, hanno cresciuto i loro figli in quel quartiere, in quel condominio e, nonostante il contratto sia scaduto, si rifiutano di lasciare la casa libera e continuano anche a pagare l'affitto regolarmente. È una causa di sfratto che, tecnicamente, si chiama "per finita locazione"; è molto meno frequente, ma ti posso assicurare che qualcuna mi è capitata. Tempi e costi sono gli stessi. Pertanto, è indispensabile selezionare con la massima attenzione l'inquilino, per avere la certezza che non solo paghi l'affitto, ma anche che a fine contratto lasci la tua casa libera. Non ti preoccupare, come vedrai nei prossimi capitoli, è più facile di quanto tu possa immaginare.

4. Paura che le tasse sui redditi da affitti siano troppo alte
Nonostante le varie chiacchiere da bar e le lamentele che si sentono quotidianamente, in Italia la tassazione sugli immobili è particolarmente vantaggiosa. Approfondiremo l'argomento nel capitolo 5, per ora ti basti pensare che la tassazione del reddito da affitti, nel caso di opzione per la "cedolare secca", è pari al 21% di quanto incassato o, in alcuni casi, addirittura solo al 10%. Non sarebbe male se anche il reddito di privati, professionisti e imprese fosse sempre tassato con questa aliquota, non trovi?

Come dice Jim Rohn: «Ogni giorno, mettiti di guardia alla porta della tua mente e sii il solo a decidere quali pensieri e convinzioni lasciarvi entrare. Perché da loro dipenderà il sentirti ricco o povero, benedetto o maledetto». Per aiutarti ad accelerare il processo di liberazione della tua mente dalle false convinzioni, ti chiedo di svolgere alcuni semplici esercizi, che saranno determinanti.

Esercizio 1:

Vorrei che tu riflettessi e scrivessi quali sono le convinzioni che ti trattengono dall'affittare una casa di tua proprietà o magari dall'iniziare a investire in immobili da mettere a reddito. Ti invito proprio a scriverle, non di limitarti a pensarle. È molto importante che tu le scriva, perché ti aiuterà ad averle più chiare e, successivamente, a demolirle con più efficacia:

1) _____

2) _____

3) _____

4) _____

5) _____

Bene, ottimo lavoro, complimenti! Ora, per ciascuna delle convinzioni che hai trovato, ti chiedo di individuare e scrivere qui sotto qual è la fonte da cui derivano (esperienza diretta/esperienza di familiari o amici/sentito dire/letto sul web).

1) _____

2) _____

3) _____

4) _____

5) _____

Ottimo! Ricordati di tenere a portata di mano questi appunti, perché saranno fondamentali per il lavoro che faremo nei prossimi capitoli.

Per aiutarti a proseguire in questo cammino di liberazione dalle false convinzioni, e portarti così in un territorio di coscienza e consapevolezza, vorrei farti riflettere sull'importanza di trovare una tua personale motivazione per cui vorresti avere redditi da affitto, e in ultima analisi più soldi, lavorando meno. La risposta è meno banale di quanto possa sembrare. Certo, chi non vorrebbe lavorare meno e avere più soldi a disposizione? Tutti, che ovvietà!

Ma quanti si chiedono davvero qual è il motivo più profondo che li spinge a dare una risposta così immediata, senza bisogno di pensarci neanche un attimo? Mi spiego meglio. Un conto è il comune desiderio di avere più soldi e più tempo libero, il sogno di vivere di rendita per il resto della vita, un altro conto è avere davanti a sé un obiettivo di vita pianificato, uno scopo cui destinare la ricchezza prodotta ma, soprattutto, il tempo, la nostra risorsa più preziosa. Non si tratta di quanti soldi guadagneremo con gli affitti, ma di come decideremo di spendere quel denaro.

Più chiaro sarà il tuo obiettivo, più forte sarà la motivazione che ti spingerà a produrre quel denaro; più sarai determinato a demolire le tue false convinzioni, più facile sarà il percorso che ti porterà a investire con successo nel campo immobiliare. Ancora una volta, quanto affermo è frutto della mia esperienza personale, per questo ti invito a riflettere su questo aspetto. Quando ho iniziato la mia avventura di investitore immobiliare, avevo un obiettivo ambizioso da raggiungere: provare a me stessa, e poi ai miei clienti, che il metodo che avevo elaborato per affittare case senza rischio fosse davvero efficace.

Una volta raggiunto quello scopo mi sono accorta che, paradossalmente, l'entusiasmo per questa attività si stava affievolendo e che gli occhi non brillavano più come prima. E il motivo era molto semplice: mi serviva una nuova ragione per proseguire in quell'attività e un guadagno extra mensile non era una motivazione di per sé sufficiente.

Non voglio essere fraintesa, è naturale che un po' di soldi in più a fine mese siano una sensazione fantastica, soprattutto per una persona come me che ama investire in viaggi e nuove esperienze ogni volta che è possibile.

Tuttavia, il vero propulsore che ha fatto riesplodere la mia volontà di proseguire nell'attività è stato un altro, ovvero la mia più grande passione: il volontariato. L'idea di poter donare qualche soldo in più tutti i mesi alla mia associazione, "Gli Amici di Duffy", che si occupa di fornire cure morali e materiali ai cani abbandonati e di trovare loro una famiglia, l'idea di poter lavorare qualche ora in meno a settimana e di dedicare quel tempo al volontariato in canile: questa è la felicità più intensa che io possa provare ed è la vera forza che mi ha spinto, mi spinge e mi spingerà, con sempre più entusiasmo, a proseguire nell'attività immobiliare.

Ti cito anche l'esempio di una mia cliente, che nel tempo è anche diventata una cara amica, per la quale provo profonda stima. È una professionista affermata, con un ottimo reddito, che ama il suo lavoro; però è anche una madre ed ha un figlio speciale, al quale hanno diagnosticato una disabilità che, per migliorare, richiede non solo cure e amore, ma anche tanto tempo da passare con lui. Tutto questo è diventato la priorità assoluta ed è la motivazione che ha spinto la professionista a rallentare i ritmi lavorativi e a chiedere la mia consulenza per iniziare a investire in immobili e crearsi un reddito indipendente dalla quantità di ore lavorate.

STRATEGIA n. 3: più chiaro sarà il tuo obiettivo, più forte sarà la motivazione che ti spingerà a produrre denaro con gli affitti, più sarai determinato a demolire le tue false convinzioni e più semplice sarà il percorso che ti porterà a investire con successo nel campo immobiliare.

Esercizio 2:

Vorrei che tu riflettessi e scrivessi qual è la tua motivazione.

Ricorda: più forte sarà la tua motivazione, più facile sarà il tuo percorso nell'investimento immobiliare.

_____

_____

_____

_____

_____

RIEPILOGO DEL CAPITOLO 1:

- STRATEGIA n. 1: tutte le paure relative alle possibili problematiche legate all'affitto di case derivano soltanto da falsi problemi, falsi luoghi comuni e convinzioni limitanti, di cui ti devi sbarazzare il prima possibile.

- STRATEGIA n. 2: svuota la tua mente, metti in discussione tutto ciò che fino ad oggi hai dato per certo e incontestabile, per essere pronto ad accogliere le nuove opportunità di conoscenza che la vita ti presenta.

- STRATEGIA n. 3: più chiaro sarà il tuo obiettivo, più forte sarà la motivazione che ti spingerà a produrre denaro con gli affitti, più sarai determinato a demolire le tue false convinzioni e più semplice sarà il percorso che ti porterà a investire con successo nel campo immobiliare.

Capitolo 2:
Come scegliere l'immobile giusto

«I padroni di casa si arricchiscono durante il sonno,
senza neanche aver bisogno di lavorare» (*John Stuart Mill*)

In questo capitolo imparerai a valutare quali immobili possono essere una vera miniera d'oro, a riconoscere quelli che invece non dovrai nemmeno prendere in considerazione perché saranno fonte certa di guai, come e dove trovarli. L'obiettivo in sostanza è quello di individuare il giusto immobile, con tutte le caratteristiche per essere messo a reddito con profitto e senza rischi, secondo il metodo "Affitti Rischio Zero".

Il principio di fondo è che non tutti gli immobili sono adatti ad affitti senza rischi e ad alto margine di guadagno. Trovare gli immobili giusti da comprare per metterli a reddito è la base di un successo duraturo e continuativo in questo settore.

La scelta – e la valutazione dell'immobile – è il primo e più importante passo da fare: sbagliare questa mossa significa bruciarsi tutto il profitto o, peggio, portarsi a casa un serio problema di cui non sarà facile disfarsi.

STRATEGIA n. 4: non tutti gli immobili sono adatti a essere affittati senza rischi e con alti margini di guadagno; la scelta dell'immobile giusto è il primo passo che determinerà il successo o il fallimento di un'operazione.

Quali sono i criteri e i parametri per valutare correttamente se un immobile sarà una miniera d'oro o una fonte di guai? Il punto di partenza è fare una valutazione accurata sulla base di queste tre semplici domande:

1. Qual è l'immobile giusto?
2. Dove lo posso acquistare?
3. Come lo posso acquistare?

Procederò con ordine e ti aiuterò a rispondere a ciascuna di queste tre semplici domande al fine di permetterti di scegliere l'immobile giusto da affittare senza rischi.

Qual è l'immobile giusto?

La prima domanda da porsi è quale tipologia di immobile ti garantirà ampi profitti e sonni tranquilli. La risposta è semplice e univoca: concentrati esclusivamente sugli immobili residenziali (cioè quelli destinati ad abitazione per le persone) e non avrai problemi. Nell'attuale momento storico, a mio avviso, sono categoricamente da evitare gli immobili adibiti ad altri usi, ad esempio commerciale, artigianale o uso ufficio. Le motivazioni sono molteplici, e qui di seguito ne accenno qualcuna, al fine di offrirti qualche spunto di riflessione.

Generalmente gli immobili ad uso diverso dall'abitativo hanno valori economici elevati. Pensa ad esempio a un capannone artigianale o a un negozio nel centro di una città: acquistare un immobile del genere significa impiegare diverse centinaia di migliaia di euro in una sola operazione, immobilizzando così tanto capitale per un lungo periodo di tempo, con un elevato rischio di insolvenza.

Mi spiego meglio. Il contratto di locazione che la legge italiana impone a chi affitta un immobile a uso non abitativo ha generalmente una durata di 6 anni, rinnovabili per altri 6. Significa che, se tutto andrà bene, per 12 anni non potrai vendere l'immobile, a meno di trovare un acquirente in cerca di un bene già a reddito, che voglia subentrare a te nell'operazione. Inoltre, il rischio che il tuo inquilino non riesca a pagarti regolarmente l'affitto è assai elevato, perché probabilmente sarà un'impresa individuale o una società, magari neocostituita, che sta provando a fare business. In quel caso, tu diventerai una sorta di socio che partecipa al rischio dell'operazione, senza però trarne anche i relativi profitti.

Per farti un'idea, è sufficiente leggere i dati che emergono dall'analisi dei fallimenti in Italia eseguita da CRIBIS, società del Gruppo CRIF, specializzata in business information, che ha indagato la situazione dei fallimenti delle imprese italiane nel corso del 2017. Da questo studio emerge che, complessivamente, nel periodo che va da luglio 2017 a settembre 2017, sono fallite mediamente 27 imprese al giorno, poco più di un'impresa ogni ora. Per non parlare delle attività imprenditoriali che non falliscono solo perché non rispecchiano i criteri previsti dalla legge fallimentare, ma che comunque navigano in cattive acque e chiudono i battenti in netta perdita. Il pensiero di affittare un immobile a una di queste imprese personalmente mi fa rabbrividire!

Tuttavia, è fuor di dubbio la possibilità di affittare immobili a imprese solide e con ottime garanzie di affidabilità, come ad esempio le banche, ma anche in questo caso vi sono dei rischi da tenere in debita considerazione. Intanto nelle locazioni commerciali, alla naturale conclusione del contratto, se l'inquilino ha sempre pagato regolarmente l'affitto, il proprietario deve versare l'indennità per la perdita dell'avviamento, la cosiddetta buonuscita, in genere pari a 18 mensilità di affitto. Inoltre, il rischio che l'immobile resti vuoto per molto tempo fra un inquilino e l'altro, in genere, è piuttosto elevato. Il versamento della buonuscita e il tempo necessario per trovare un buon inquilino potrebbero erodere una buona fetta del profitto, insieme alle tasse sulle proprietà commerciali che, a differenza di quelle sugli immobili a uso residenziale, sono piuttosto elevate.

Da ultimo, ritengo fondamentale stimare sin dall'inizio i tempi necessari per rientrare del capitale investito in un immobile. È importante avere ben chiaro questo dato, perché a un certo punto della tua vita potresti avere necessità di denaro liquido e potresti trovarti nella condizione di dover vendere uno dei tuoi immobili. In altre parole, la facilità e l'immediatezza di rivendita sono determinanti nella valutazione dell'immobile da acquistare per metterlo a reddito.

Ebbene, se il tempo medio di rivendita di un appartamento scelto seguendo le strategie che leggerai nelle prossime pagine è mediamente di qualche mese, ti posso assicurare che rivendere un capannone commerciale o un altro immobile a uso non abitativo potrebbe rivelarsi un'impresa titanica! In quasi quindici anni di professione forense, sono passate sulla mia scrivania decine e decine di pratiche di aste giudiziarie aventi per oggetto capannoni commerciali, laboratori commerciali e persino intere palazzine di uffici di recentissima costruzione, a prezzi davvero stracciati, spesso con ribassi di oltre la metà rispetto al valore commerciale.

Eppure, nonostante siano opportunità molto interessanti, la maggior parte di questi beni resta invenduta, perché non ha più mercato. Immagina se avessi la necessità di liquidare un immobile di tale tipologia in tempi rapidi e a prezzi di mercato: sarebbe una vera e propria utopia. Pertanto, a meno che tu non sia un esperto immobiliarista, specializzato in locazioni a uso commerciale, ti sconsiglio caldamente di avventurarti in questo genere di operazioni, che potrebbero rivelarsi molto rischiose e fonte di enormi perdite.

Il residenziale è da preferire soprattutto per i neofiti, perché consente di iniziare con poche migliaia di euro, per esempio acquistando un monolocale tramite asta giudiziaria e accendendo un mutuo ipotecario al 100%. Ormai da diversi anni insegno queste tecniche di investimento immobiliare e – non nascondo la mia enorme soddisfazione – ho visto tanti miei clienti fare ottimi affari anche con pochissimo capitale a disposizione.

L'affitto di immobili residenziali è un'attività particolarmente interessante e redditizia, anche perché la tassazione, in Italia, a differenza di quanto si dice nelle chiacchiere da bar, è particolarmente conveniente e soprattutto è un settore che non conoscerà mai crisi e avrà sempre mercato, perché soddisfa un'esigenza primaria delle persone, quella abitativa, che è fondamentale al pari di mangiare e vestirsi. Il tetto sopra la testa

43

equivale alla vecchia caverna in cui si riparava l'uomo primitivo, soddisfa un bisogno ancestrale dell'uomo e, come tale, non potrà conoscere periodi di stallo, su questo non c'è alcun dubbio. In altre parole, gli affitti di immobili residenziali comportano minori rischi, minori capitali investiti e maggiori profitti.

STRATEGIA n. 5: per generare ottimi profitti senza rischi, concentrati esclusivamente sugli immobili a uso residenziale, cioè quelli destinati ad abitazione per le persone.

Una volta chiarito che ci concentreremo esclusivamente sugli immobili residenziali, è giunto il momento di fare un'ulteriore scrematura, altrettanto indispensabile per la scelta dell'immobile giusto, che riguarda la tipologia dell'alloggio. Se vorrai applicare con successo il metodo "Affitti Rischio Zero", dovrai selezionare unicamente appartamenti delle seguenti tipologie:

- monolocali;
- bilocali;
- trilocali (solo se situati nel raggio di 500 metri da una sede universitaria).

Si tratta di una regola che non ammette deroghe, né eccezioni. La motivazione è semplice e deriva ancora una volta dalla mia esperienza professionale vissuta sul campo degli sfratti, e soprattutto da un errore che ho commesso all'inizio della mia attività di investitore immobiliare.

Un alloggio di ampia metratura, con più di una stanza da letto, attira famiglie che hanno un'esigenza abitativa di lunga durata, ovvero una tipologia di inquilini distante anni luce dal tuo target ideale. Svilupperò questo concetto nei prossimi capitoli, per il momento vorrei invece raccontarti l'errore che ho commesso e da cui ho tratto una lezione tanto importante quanto costosa.

Dopo avere acquistato il primo appartamento a un'asta giudiziaria e averlo affittato in un lampo con un ottimo profitto, ero così impaziente di portare a termine un'altra operazione, che mi sono lasciata guidare dall'euforia più che dalla ragione. Ogni giorno trascorrevo almeno mezz'ora a sfogliare gli annunci di aste giudiziarie nella mia zona di interesse, a caccia del prossimo affare, finché mi sono imbattuta in un appartamento in una zona strategica della città, con un prezzo base d'asta decisamente interessante, in una palazzina ben tenuta e ben abitata. Sembrava tutto perfetto, tanto che ho deciso di partecipare all'asta e, alla fine, me lo sono aggiudicato a un prezzo inferiore del 30% rispetto al valore di mercato.

Era tutto fantastico, finché non mi sono chiesta a chi avrei affittato quell'appartamento così bello. Si trattava infatti di un trilocale di 81 mq con cucina abitabile, un ampio soggiorno, un bagno spazioso e due camere da letto; in altre parole, la casa perfetta per una famiglia alla ricerca di una casa dove far crescere i propri figli. Fortunatamente all'epoca avevo già seguito decine e decine di sfratti e sapevo perfettamente che era proprio il target di inquilini con il rischio di morosità più alto. Dopo un attimo di scoramento, scartata per motivi fiscali l'ipotesi della rivendita immediata, ho scelto il male minore e l'ho affittato, al prezzo di un bilocale, a una coppia selezionata, senza figli, che utilizza la seconda camera da letto come zona studio.

Il risultato è che, naturalmente, non ho mai avuto problemi di morosità, ma la percentuale di rendita di questo appartamento è davvero ridicola se paragonata alla media degli immobili selezionati secondo il criterio della metratura. A breve venderò questo immobile e, con il ricavato, acquisterò tre monolocali, i quali mi garantiranno ciascuno una rendita mensile pari a quella del trilocale: lo stesso capitale, investito in maniera più oculata, renderà tre volte tanto!

STRATEGIA n. 6: se vuoi applicare con successo il metodo "Affitti Rischio Zero" devi selezionare unicamente monolocali, bilocali e trilocali (questi ultimi solo se situati nel raggio di 500 metri da una sede universitaria); si tratta di una regola che non ammette deroghe, né eccezioni.

Dove?

Veniamo ora alla seconda domanda da porsi al fine di scegliere l'immobile giusto da mettere a reddito: dove dovrà essere ubicato? Ricorda che la location è determinante, è tutto. Puoi avere l'immobile più accogliente e meglio arredato del mercato, ma se si trova nel posto sbagliato, nessun inquilino sarà mai disposto a pagare per vivere nella tua casa.

STRATEGIA n. 7: la location è determinante: puoi avere

l'immobile più accogliente del mercato, ma se si trova nel posto sbagliato, nessun inquilino sarà mai disposto a pagare per viverci.

L'idea di base da cui devi partire è che il tuo appartamento si dovrà trovare in un posto che attrae persone per motivi di lavoro, di studio o per altre esigenze di carattere temporaneo (per esempio, se si trova nei pressi di un importante ospedale, attirerà i familiari dei pazienti ricoverati o gli stessi pazienti nel periodo post-operatorio di riabilitazione). In linea generale, un appartamento situato nel centro di una città è un buon affare, a patto che tu segua passo passo i miei suggerimenti, soprattutto per quanto riguarda l'esame del quartiere in cui è ubicato.

Spesso anche gli immobili situati in periferia, oppure in provincia, rappresentano una buona fonte di profitto. Tuttavia è fondamentale evitare i cosiddetti "quartieri dormitorio" e verificare che siano ben collegati con il centro città attraverso i mezzi pubblici. Un'ottima opportunità di investimento è rappresentata anche dagli immobili situati nelle vicinanze di grandi aziende, che richiamano lavoratori da tutta Italia o Europa, di ospedali, università, stazioni ferroviarie e aeroporti (in questo caso fai particolare attenzione all'inquinamento acustico).

Il mio consiglio, soprattutto se non hai esperienza nel campo immobiliare, è di iniziare a esaminare una zona che già conosci bene, perché il tuo lavoro di verifica sarà più semplice. In questo caso, però, fai attenzione a non farti guidare dall'emotività: non è detto che il quartiere in cui sei nato e dove hai trascorso la tua adolescenza, e che quindi tu vedi come il posto più accogliente del mondo, sia davvero una zona adatta ad attrarre persone che si spostano per i motivi che abbiamo visto.

STRATEGIA n. 8: è fondamentale che il tuo appartamento si trovi in un posto che attrae persone per motivi di lavoro, di studio o per altre esigenze di carattere temporaneo.

Poniti le domande giuste e avrai la certezza di non sbagliare. Alcune domande fondamentali da porsi sono:

- Dove sono collocati i principali centri di occupazione (grandi aziende, aeroporti, ospedali)? Quanto distano dalla zona che hai individuato? Sono facilmente raggiungibili in auto e/o con i mezzi pubblici?

- La zona genera nuove imprese e nuova occupazione oppure è una zona morta da questo punto di vista?

- Dalla casa che hai individuato, le grandi vie di comunicazione sono vicine o facilmente raggiungibili (autostrade, tangenziali ecc.)?

- Quanto è comodo per i residenti vivere in quel quartiere? I mezzi di trasporto pubblico e i principali servizi (supermercati, ristoranti, bar, farmacie) sono raggiungibili a piedi? Non avrei mai creduto quanto fosse importante per un inquilino scoprire che può fare la spesa alle 11:00 di sera, fino all'inaugurazione di un supermercato aperto h24 proprio a 300 metri da un monolocale che ho acquistato qualche anno fa. Questa semplice caratteristica, che ho ben evidenziato nell'annuncio, mi ha letteralmente fatto esplodere il telefono di richieste di prenotazione e mi ha permesso così di aumentare il canone mensile del 10%.

- C'è una popolazione universitaria che cerca case o stanze in affitto al di fuori del campus universitario? Il campus universitario è dotato di posti sufficienti a soddisfare la domanda di studenti fuori sede?

- Com'è il grado generale di manutenzione degli edifici nel

quartiere? E la qualità e le condizioni delle auto parcheggiate in strada?

Per avere una risposta a tutte le domande e individuare così un'area o un quartiere di tuo interesse, ricorda che c'è un unico modo certo, che ti permetterà di conoscere davvero a fondo una determinata zona: salire in auto e fare un giro per le strade che hai individuato, in giorni diversi e in orari diversi, in particolar modo se si tratta di un quartiere di una grande città, come Milano ad esempio.

Osserva sempre attentamente la tipologia di persone che camminano per le strade e come cambia questo dato a seconda del giorno (lavorativo o festivo) e dell'orario (di giorno o di notte). In altre parole, impara a osservare il mondo indossando gli occhiali dell'immobiliarista. È semplice e divertente. Per non perderti nessun dettaglio, che potrebbe essere di fondamentale importanza, nel corso delle tue passeggiate da immobiliarista, ti consiglio di scattare sempre delle foto, anche con lo smartphone; non è importante che siano foto di qualità eccellente, la loro funzione è quella di farti notare (o semplicemente ricordare) particolari che magari al momento della visita non avevi notato, che sono sfuggiti alla tua osservazione.

Ricorda inoltre che la regola fondamentale è la seguente: prima devi guardare al quartiere, poi all'edificio nel suo complesso e solo alla fine all'appartamento. Questa è la chiave di tutto. La tua casa puoi sempre ristrutturarla e renderla perfetta per le esigenze del tuo inquilino, ma il quartiere e l'edificio nelle sue parti comuni non li puoi cambiare, non è in tuo potere. Quindi presta la massima attenzione.

Dopo aver esaminato il quartiere nel suo complesso, nei vari orari e giorni della settimana, puoi concentrarti sull'edificio. Ti consiglio di preparare una scheda di valutazione che comprenda almeno i seguenti parametri fondamentali:

- posizione della palazzina all'interno del quartiere;
- condizioni generali di manutenzione dell'edificio;
- possibilità di parcheggio;
- illuminazione;
- vicinanza ai principali servizi (quali negozi, centri commerciali, bar e ristoranti) e mezzi di trasposto pubblici

(metropolitana, tram, stazioni ferroviarie).

STRATEGIA n. 9: la regola fondamentale è che prima devi guardare al quartiere nel suo complesso, poi all'edificio e infine all'appartamento: questa è la chiave di tutto.

A questo punto vorrei aiutarti a mettere in pratica le strategie che ti ho suggerito. Se hai già uno o più appartamenti da mettere a reddito, ti consiglio di ripetere l'esercizio che segue per ciascuno di essi. Se invece stai ancora valutando l'acquisto, ti consiglio di svolgere l'esercizio pensando a un appartamento che hai individuato e che vorresti acquistare.

Esercizio 3:
Tieni a portata di mano le caratteristiche descritte in questo capitolo e scrivi i punti di forza dell'immobile, quelli che lo rendono adatto al metodo "Affitti Rischio Zero":

1. _____

2. _____

3. _____

4. _____

5. _____

6. _____

Ora scrivi quali sono i punti deboli dell'immobile, quelli che potrebbero compromettere l'efficacia dell'applicazione del metodo "Affitti Rischio Zero":

1. _____

2. _____

3. _____

4. _____

5. _____

6. _____

Ora rifletti sul risultato dell'esercizio e valuta attentamente non solo il numero di caratteristiche pro o contro, ma soprattutto la rilevanza di ciascuna di esse. Se ritieni che l'immobile potrebbe rispondere ai criteri del metodo "Affitti Rischio Zero", contattami in privato e sarò lieta di verificare insieme a te la fattibilità dell'operazione.

Come

Prima di fare qualche breve cenno sulle diverse opportunità di acquisire proprietà immobiliari a prezzi vantaggiosi, mi preme richiamare la promessa che ti ho chiesto di farmi nell'introduzione e proporti nuovamente di svuotare la testa da alcuni preconcetti molto comuni e molto diffusi in questo settore.

Molte persone, anche piuttosto colte e di estrazione sociale elevata, sono convinte che per iniziare a investire in immobili servano grosse somme di denaro. In altre parole, l'idea è che solo chi è già ricco possa permettersi di entrare in questo business. Non servono centinaia di migliaia di euro sul conto corrente, né tantomeno titoli o azioni da mettere a garanzia per ottenere finanziamenti dalle banche. Nulla di più lontano dalla realtà, e la mia storia lo dimostra.

Tutto ciò di cui hai bisogno per iniziare a investire in immobili con profitto è imparare le basi delle diverse strategie di investimento, che ti permettano di conoscere gli strumenti per individuare le giuste occasioni e i modi per finanziarle.

Il primo immobile che ho acquistato con l'obiettivo di crearmi una rendita da affitto è stato un bilocale all'asta, in una zona strategica e in buone condizioni di manutenzione. L'appartamento nel tempo si è rivelato un buon investimento, tant'è che a distanza di anni non l'ho ancora rivenduto, perché genera un buon profitto. Tuttavia, la paura e l'inesperienza mi hanno fatto commettere un errore, le cui conseguenze si sono fatte sentire per diversi anni. Ho versato il 20% di anticipo dando fondo a quasi tutti i miei risparmi e ho chiesto alla banca un mutuo ipotecario, della durata di 10 anni, per il restante 80%.

Gli errori in realtà sono stati due. Il primo, dovuto all'inesperienza, è stato quello di aver consultato soltanto due istituti bancari, entrambi disposti a finanziare soltanto l'80% del prezzo d'acquisto; il secondo, causato dalla paura, è stato quello di spalmare la durata del mutuo in soli 10 anni. Mi sono resa conto degli errori l'anno successivo, quando ho chiesto alla banca di finanziare la mia seconda operazione.

Innanzitutto, avevo appena letto da qualche parte che un grande genio visionario come Walt Disney aveva bussato alla porta di decine e decine di banche prima di trovare quella disposta a finanziarlo, mentre io mi ero ingenuamente limitata a credere che nessuna banca sarebbe stata disposta a finanziare il 100% del mio progetto. In secondo luogo, ho compreso l'importanza dell'errore che avevo commesso nel limitare a 10 anni la durata del mio primo mutuo. Pensa se la banca avesse finanziato interamente la mia prima operazione con un mutuo trentennale: avrei anticipato poche migliaia di euro, lasciando i miei risparmi sul conto corrente pronti per essere investiti in un'altra operazione e la rata mensile del mio mutuo sarebbe stata dimezzata, permettendomi di farmi finanziare tante altre operazioni (in quanto avrebbe inciso in misura molto inferiore sul "famigerato" rapporto rata/reddito che le banche verificano per valutare la finanziabilità di un soggetto).

Da questa prima operazione ho imparato più lezioni che in tanti anni di studi teorici. In particolare ho capito l'importanza di usare la leva finanziaria, che è un concetto molto semplice: meno denaro proprio si deve utilizzare per acquistare una proprietà, maggiore è la possibilità di ottenere un guadagno elevato.

STRATEGIA n. 10: per iniziare a investire sugli immobili con

profitto, non servono grossi capitali; è invece fondamentale imparare le basi di diverse modalità di investimento, che ti permettano di conoscere gli strumenti per individuare le giuste occasioni e i modi per finanziarle.

Per darti un'idea più precisa dell'importanza della leva finanziaria, ti invito a riflettere su questo esempio. Poniamo che tu abbia acquistato un appartamento da mettere a reddito al prezzo di 60.000 euro, pagandolo interamente con soldi tuoi (senza utilizzare la leva finanziaria) e che tu l'abbia affittato a 6.000 euro netti l'anno.

Per calcolare la percentuale di redditività dell'investimento, ovvero il ROI (Return on Investment) la formula da utilizzare è la seguente:

$$ROI = Utile / Capitale\ investito\ totale$$

ovvero:

$$ROI = 6.000/60.000 = 10\%$$

Poniamo invece che lo stesso appartamento tu l'abbia acquistato utilizzando la leva finanziaria, ovvero facendo ricorso a un mutuo ipotecario di 50.000 euro, che rimborserai in rate mensili di 300 euro ciascuna mentre percepirai un canone d'affitto di 500 euro mensili (con un utile annuo netto pari a 2.400 euro); in questo caso dovremo calcolare la redditività del tuo capitale investito, che non è più di 60.000 euro, bensì di 10.000 euro, ovvero il ROE (Return on Equity). La formula da utilizzare è la seguente:

ROE = Utile netto / Capitale proprio investito

ovvero:

ROE = 2.400 / 10.000 = 24%

Il vero segreto degli investimenti immobiliari ad alto reddito consiste proprio nel guadagnare impiegando meno soldi propri possibili, e il ROE è l'indicatore che ti aiuta a capire se stai davvero facendo un buon affare, rispetto al capitale che stai impiegando.

In altri termini, il tuo vero scopo è quello di massimizzare la redditività dei tuoi soldi investiti, non quello di massimizzare la redditività di tutto il capitale. Se l'investimento lo fai tutto con i tuoi soldi, il ROE è uguale al ROI. Invece, più usi soldi di terzi, più il ROE sarà alto. Nel caso la banca ti finanziasse il 100% dell'investimento, il ROE della tua operazione sarebbe addirittura infinito!

STRATEGIA n. 11: il segreto degli investimenti immobiliari ad alto reddito consiste nel guadagnare impiegando meno soldi propri possibili e l'indicatore che ti aiuta a capire se stai davvero facendo un buon affare è il ROE.

Come vedremo anche nei prossimi capitoli, nel business immobiliare è molto difficile fare tutto da soli, e l'esperienza di questi anni mi ha insegnato che gli investimenti più redditizi sono un gioco di squadra. Pertanto, per fare aumentare esponenzialmente il ROE delle tue operazioni, ti suggerisco di farti affiancare sin da subito da un broker finanziario, ovvero un professionista del credito che ti aiuti a orientarti verso lo strumento finanziario più appropriato (mutuo o finanziamento) e ti dia consigli in merito ai tassi di interesse più convenienti, nonché all'istituto di credito più adeguato alle tue esigenze. In altre parole, un broker competente, che alla conoscenza teorica abbini anche l'esperienza effettiva sul campo, ti consentirà di trarre il massimo vantaggio dalle opportunità di finanziamento e di evitare ogni possibile problematica.

Da ultimo, alla luce delle mie esperienze passate, ti consiglio di prestare particolare attenzione nella scelta del professionista a cui affidarti, perché spesso mi sono scontrata con diversi individui poco preparati e poco professionali, il cui unico obiettivo era quello di vendere polizze accessorie abbinate al mutuo, anziché fornire un servizio di consulenza qualificato. Fortunatamente oggi fa parte della mia squadra un broker serio e affidabile che, in passato, mi ha consentito di proseguire nell'attività di investitore immobiliare proprio in un momento in cui mi ero arenata perché nessuna banca era più disposta a concedermi credito.

STRATEGIA n. 12: per fare aumentare esponenzialmente il ROE delle tue operazioni, ti suggerisco di farti affiancare sin da subito da un broker finanziario.

Data la vastità della materia, in questa sede mi limiterò a fare un brevissimo cenno a due sole delle diverse tecniche di investimento nel mercato immobiliare, invitando chi volesse approfondire le strategie di guadagno a seguire la mia pagina Facebook (IgnelziAcademy) oppure a frequentare uno dei miei seminari (www.ignelziacademy.it).

In ogni caso, qualunque sia la tecnica di investimento che deciderai di utilizzare, il suggerimento fondamentale, che ti consiglio di tenere sempre ben presente, è che dovrai acquistare a un prezzo inferiore almeno del 20-25% rispetto al prezzo di mercato. Il rispetto di questa regola è essenziale non solo perché ti permetterà di fare un ottimo affare, ma anche e soprattutto perché farà letteralmente schizzare alle stelle il ROI e il ROE del tuo investimento, una volta che avrai affittato le tue proprietà.

Pertanto, il consiglio che ti posso dare è quello di non fermarti al primo appartamento che ti sembra possa rispecchiare le caratteristiche giuste per essere affittato senza rischi, ma espandi la ricerca consultando i portali degli annunci immobiliari, le agenzie immobiliari della zona che hai scelto e il sito delle aste giudiziarie. Non avere timore di fare proposte al di sotto del prezzo richiesto e di partecipare alle aste giudiziarie. Per fare un buon affare immobiliare servono tempo, pazienza e costanza. Di seguito, le modalità che utilizzo più di frequente per comprare case da mettere a reddito.

Acquisto sul mercato libero, direttamente da privato oppure tramite agenzia immobiliare

Una volta individuata la zona di tuo interesse, è sufficiente fare una ricerca sui siti di annunci immobiliari più utilizzati (personalmente utilizzo quasi esclusivamente il portale www.immobiliare.it), restringere il campo all'area di tuo interesse, utilizzare correttamente i filtri per selezionare solo gli appartamenti che rispecchino le caratteristiche che ho illustrato nelle pagine precedenti e studiare i prezzi dell'offerta. Un valido aiuto per farti un'idea circa la convenienza o meno del prezzo richiesto per un immobile è la comparazione con il listino prezzi ricavato dal sito www.borsinoimmobiliare.it, la banca dati delle quotazioni immobiliari di vendita e affitto.

Si tratta di una procedura piuttosto complessa e non è questa la sede adatta per esaminarla, tuttavia, per iniziare sono sufficienti le informazioni che ti ho riportato. Un'altra idea molto radicata è che gli acquisti sul mercato libero non siano mai buoni affari, perché non è possibile spuntare prezzi di acquisto al di sotto della media. Nulla di più sbagliato: infatti, in alcuni casi il mercato propone immobili di proprietari che hanno fretta di sbarazzarsi della loro casa, per i motivi più disparati (ad esempio appartamenti ricevuti in eredità oppure case di proprietà di coniugi che stanno divorziando oppure ancora di persone che devono trasferirsi all'estero) e per questo saranno disposti a concedere sconti all'acquirente disposto a comprare subito. Un bravo agente immobiliare ti sarà di grande supporto in questa ricerca, perché conosce le esigenze della proprietà e, se tu saprai coglierle, farai un ottimo investimento.

Acquisto tramite aste giudiziarie
In questo particolare momento storico rappresenta, a mio avviso, senza ombra di dubbio, la modalità migliore e più semplice per acquistare immobili a prezzi inferiori rispetto alla media di mercato. Tuttavia è necessario conoscere bene i meccanismi di funzionamento delle aste e, in ogni caso, almeno nelle prime operazioni, è opportuno farsi assistere da un professionista esperto.

Nei miei seminari faccio sempre una similitudine che colpisce particolarmente il pubblico: le aste giudiziarie sono uno strumento paragonabile al fuoco. Se utilizzate con la giusta conoscenza e le dovute precauzioni, possono cambiare la vita di un investitore immobiliare, così come la scoperta del fuoco ha cambiato la vita dei nostri antenati. Di contro, se vengono utilizzate con superficialità e inesperienza, possono creare enormi danni economici e diventare un vero e proprio incubo.

STRATEGIA n. 13: qualunque sia la tecnica di investimento che deciderai di utilizzare, ti consiglio di acquistare sempre a un prezzo inferiore almeno del 20-25% rispetto al prezzo di mercato; ciò ti consentirà di aumentare in modo esponenziale il ROI e il ROE dell'operazione, generando ottimi profitti.

RIEPILOGO DEL CAPITOLO 2:

- STRATEGIA n. 4: non tutti gli immobili sono adatti a essere affittati senza rischi e con alti margini di guadagno; la scelta dell'immobile giusto è il primo passo che determinerà il successo o il fallimento di un'operazione.

- STRATEGIA n. 5: per generare ottimi profitti senza rischi, concentrati esclusivamente sugli immobili a uso residenziale, cioè quelli destinati ad abitazione per le persone.

- STRATEGIA n. 6: se vuoi applicare con successo il metodo "Affitti Rischio Zero" devi selezionare unicamente monolocali, bilocali e trilocali (questi ultimi solo se situati nel raggio di 500 metri da una sede universitaria); si tratta di una regola che non ammette deroghe, né eccezioni.

- STRATEGIA n. 7: la location è determinante: puoi avere l'immobile più accogliente del mercato, ma se si trova nel posto sbagliato, nessun inquilino sarà mai disposto a pagare per viverci.

- STRATEGIA n. 8: è fondamentale che il tuo appartamento si trovi in un posto che attrae persone per motivi di lavoro, di studio o per altre esigenze di carattere temporaneo.

- STRATEGIA n. 9: la regola è che prima devi guardare al

quartiere nel suo complesso, poi all'edificio e infine all'appartamento: questa è la chiave di tutto.

- STRATEGIA n. 10: per iniziare a investire sugli immobili con profitto, non servono grossi capitali; è invece fondamentale imparare le basi di diverse modalità di investimento, che ti permettano di conoscere gli strumenti per individuare le giuste occasioni e i modi per finanziarle.

- STRATEGIA n. 11: il segreto degli investimenti immobiliari ad alto reddito consiste nel guadagnare impiegando meno soldi propri possibili e l'indicatore che ti aiuta a capire se stai davvero facendo un buon affare è il ROE.

- STRATEGIA n. 12: per fare aumentare esponenzialmente il ROE delle tue operazioni, ti suggerisco di farti affiancare sin da subito da un broker finanziario.

- STRATEGIA n. 13: qualunque sia la tecnica di investimento che deciderai di utilizzare, ti consiglio di acquistare sempre a un prezzo inferiore almeno del 20-25% rispetto al prezzo di mercato; ciò ti consentirà di aumentare in modo esponenziale il ROI e il ROE dell'operazione, generando ottimi profitti.

Capitolo 3:
Come rendere l'immobile perfetto

Sin qui abbiamo constatato che vivere di rendita con gli affitti è una concreta realtà, e non un'utopia, e che la scelta dell'immobile giusto è il primo passo che determinerà il successo o il fallimento di ogni operazione. Tuttavia, la scelta dell'immobile rappresenta soltanto la prima fase del metodo "Affitti Rischio Zero".

Lo scopo di questo capitolo è fornirti consigli e suggerimenti pratici da mettere in atto sin da subito per arredare e corredare la tua casa sulla base delle esigenze specifiche del target di inquilini che desideri ospitare. Il concetto di base da tenere sempre ben presente è che non tutte le persone sono uguali e che quindi non tutti gli inquilini hanno le stesse esigenze. Pertanto, prima di pensare a come arredare e corredare il tuo appartamento da mettere a reddito è indispensabile individuare il target specifico di persone che intendi ospitare.

A questo punto, se avrai seguito i passaggi precedenti, non sarà difficile. Sulla base della tipologia e della zona di ubicazione della tua casa, ti sarà già chiaro quali saranno i potenziali inquilini interessati a soggiornarvi. Pertanto, il punto di partenza è identificare chiaramente sin da subito la fascia dei potenziali ospiti e chiedersi quali saranno le loro specifiche esigenze e necessità: il tuo compito di proprietario sarà arredare e corredare gli appartamenti in modo da soddisfare al meglio i loro bisogni.

STRATEGIA n. 14: prima di pensare a come arredare e corredare il tuo appartamento, è indispensabile individuare il target specifico di inquilini che intendi ospitare.

Prima di entrare nel vivo dell'argomento, ritengo fondamentale sottolineare il principio di base del metodo "Affitti Rischio Zero", cui ho già fatto cenno nel capitolo precedente: il classico contratto di locazione 4+4 è vietato, bandito. Se vuoi vivere di rendita da affitti e dormire sonni tranquilli, devi dimenticare l'esistenza del contratto che dura 4 anni, e che si rinnova automaticamente per altri 4 anni, e focalizzarti esclusivamente sugli affitti di breve periodo. Approfondirò la tematica nel prossimo capitolo, tuttavia è importante sin d'ora avere ben chiaro questo concetto, così da arredare e corredare gli appartamenti esclusivamente per un target di inquilini con esigenze abitative di breve periodo e non commettere errori forieri di conseguenze irreparabili. Questa è una regola ferrea, che non ammette eccezioni.

La principale causa di sfratto risiede proprio nella modalità di affittare case per lunghi periodi, con contratti 4+4 che attirano inquilini con famiglie numerose, già radicate sul territorio, che cercano una casa per vivere stabilmente. Prova a riflettere su tutti i possibili eventi che potranno accadere all'interno di una famiglia in quegli otto anni di permanenza nel tuo appartamento! Intanto affittare per un periodo così lungo significa che non potrai vendere con profitto la casa (non che sia vietato dalla legge, ma nessuno minimamente oculato comprerà mai un appartamento occupato da un inquilino con un contratto così lungo).

In secondo luogo, in quella famiglia, uno o entrambi i coniugi potrebbero perdere il lavoro e, di fronte alla decisione se pagare l'affitto o fare la spesa, nessuno avrebbe dubbi sul da farsi. Inoltre, se nel frattempo saranno nati dei figli, l'ufficiale giudiziario arriverà a fare anche quattro o cinque accessi prima di eseguire lo sfratto e finalmente liberare il tuo appartamento, che nel frattempo sarà stato letteralmente preso d'assalto da pennarelli e matite colorate dei pargoli del tuo inquilino che hanno imparato a scrivere sulle tue pareti che avevi fatto dipingere di un bel bianco e sul tuo divano che avevi comprato nuovo!

Certa di essere stata convincente, il target a cui ti devi rivolgere, a seconda dell'ubicazione del tuo immobile, è rappresentato dalle persone che hanno temporanee esigenze abitative per motivi di studio, di lavoro o di salute (ad esempio gli studenti universitari, i giovani che si trasferiscono per lavoro nella tua città, gli infermieri e gli insegnanti fuori sede, oppure i pazienti di una clinica nei pressi della tua casa).

STRATEGIA n. 15: la regola ferrea, che non ammette eccezioni, è che per vivere di rendita da affitti e dormire sonni tranquilli bisogna dimenticare l'esistenza del contratto che dura 4 anni e che si rinnova automaticamente per altri 4 anni e focalizzarsi esclusivamente sugli affitti di breve periodo.

Le linee guida da seguire per rendere l'immobile appetibile per il target di inquilini che ho appena descritto sono molto semplici. All'interno della casa è preferibile utilizzare colori neutri, che possano incontrare il gusto di un vasto numero di persone, e arredare con uno stile moderno, all'insegna della semplicità e dell'essenzialità. A mio avviso è sconsigliabile personalizzare la casa secondo il proprio gusto, perché ciò inevitabilmente taglierebbe fuori una parte degli inquilini in target, che potrebbero non apprezzare le pareti tinteggiate con un colore troppo acceso o un mobile in uno stile particolare, sebbene a te piacciano.

In generale è bene attrezzare gli appartamenti per accogliere al massimo due persone (ricorda che il tuo inquilino ideale è un single o, al massimo, una coppia che si sposta temporaneamente per motivi di lavoro o di studio), con la possibilità di poter ospitare saltuariamente una o due persone. Pertanto, dotare la casa di un divano letto è molto gradito agli inquilini, che infatti chiedono spesso se ne sia provvista.

Gli aspetti fondamentali da curare con particolare attenzione sono quelli riguardanti la funzionalità della cucina, che deve essere dotata di tutti gli elettrodomestici indispensabili (compresa la lavastoviglie, sempre più richiesta), la presenza di un armadio guardaroba capiente e la possibilità di parcheggiare comodamente l'auto senza rischiare multe.

STRATEGIA n. 16: utilizza colori neutri e arreda con uno stile moderno, all'insegna della semplicità e dell'essenzialità, al fine di incontrare il gusto di un vasto numero di persone.

Qui di seguito troverai una lista di oggetti che, secondo la mia esperienza, non possono mancare all'interno di un immobile da affittare, suddivisi per ambiente della casa. Ti suggerisco di tenere sempre a portata di mano gli elenchi che seguono e di utilizzarli come check-list per tutti i tuoi appartamenti. Ciò ti consentirà di non dimenticare mai nessun oggetto essenziale e di evitare ansie e perdite di tempo facendo mente locale appena prima della consegna delle chiavi (le mie prime esperienze erano caratterizzate da domande come: «Ci sarà tutto il necessario?» «Avrò dimenticato qualcosa?» «Quale oggetto avevo pensato di aggiungere?»).

Ambiente cucina

- Piatti, bicchieri, tazze, mug, tazzine per il caffè e posate. Ritengo indispensabile acquistarne in quantità almeno doppia rispetto al numero di ospiti della casa. Inoltre, non è necessario dotare l'appartamento di servizi di pregio: una spesa da IKEA ti consentirà di tenere sotto controllo il tuo budget e sarà certamente apprezzata dagli ospiti.

- Pentole e padelle, di almeno tre differenti dimensioni.

- Biancheria da cucina: tovaglie, set colazione all'americana e asciugapiatti. Ritengo fondamentale acquistarne un quantitativo minimo necessario a garantire almeno un cambio.

- Accessori principali da cucina: consiglio di dotare la casa di almeno un set di coltelli multiuso, forbici, cavatappi/apribottiglie, mestoli, tagliere, grattugia, imbuto, scolapasta, apriscatole, contenitori per olio, sale, zucchero e caffè.

- Moka/macchinetta per il caffè espresso a capsule. Se nel tuo target di inquilini sono compresi ospiti stranieri, ti consiglio di insegnare loro come si prepara il vero caffè italiano: lo gradiranno sicuramente e tu non rischierai che danneggino gli utensili o il piano della cucina.

- Piccoli elettrodomestici da cucina. Ritengo indispensabile dotare l'appartamento di forno a microonde, tostapane e bollitore. Sono invece accessori opzionali il mixer a immersione, la griglia, lo spremiagrumi elettrico, il frullatore, il robot da cucina. Ricorda che più la cucina sarà equipaggiata, maggiore sarà il valore percepito dall'inquilino e maggiore sarà il canone di affitto che potrai richiedere.

- Materiale occorrente per la pulizia della cucina. Non è certo indispensabile, ma all'inquilino sarà molto gradito, appena entrato in casa, trovare spugnette, carta da cucina, strofinacci e detersivo per i piatti o tavolette per la lavastoviglie. Pertanto il mio suggerimento è di lasciane una minima quantità per far sentire il tuo ospite a proprio agio sin dall'inizio della sua permanenza.

- Materiale occorrente per la raccolta differenziata: ritengo sia auspicabile lasciare le istruzioni per la raccolta differenziata dei rifiuti e le indicazioni sulle modalità di ritiro.

Ambiente camera da letto

- Set di lenzuola con angoli, completo di federe. Ritengo sia indispensabile acquistarne un quantitativo minimo necessario a garantire almeno un cambio. Suggerisco di evitare i completi di lenzuola della nonna, ormai fuori moda, e di prediligere materiale di qualità medio/alta: sono più piacevoli da utilizzare e hanno una durata maggiore. Nel caso di più appartamenti da arredare, potrebbe essere utile valutare l'acquisto di attrezzatura alberghiera, che garantisce un buon rapporto qualità/prezzo.

- Coprimaterasso e copricuscini: a mio avviso sono indispensabili per garantire maggiore igiene e vita più lunga a materassi e cuscini.
- Coperte e piumini adatti per le diverse stagioni.

Ambiente bagno

- Asciugamani di ogni tipologia e tappeto bagno; anche in questo caso, consiglio di prediligere materiale di qualità medio/alta e di valutare l'acquisto di attrezzatura alberghiera, nel caso di più appartamenti da arredare.
- Asciugacapelli.
- Accessori per la cura della persona: carta igienica, shampoo, doccia schiuma, sapone per le mani. Sebbene non siano locazioni turistiche, ti consiglio di lasciarne una minima

quantità allo scopo di provvedere alle immediate esigenze dei tuoi ospiti. Con un costo davvero irrisorio, darai molto valore aggiunto all'accoglienza, e questo ti farà ricordare.

Accessori per le pulizie

- Scopa e paletta, mocio lavapavimenti, stendibiancheria e mollette. Ti consiglio di fornire il minimo indispensabile per la pulizia degli ambienti e di dotare la casa di detersivi e detergenti in minima quantità per facilitare la vita all'inquilino appena stabilito.

Accessori vari indispensabili:

- Connessione Wi-Fi con abbonamento flat.
- Televisore (se disponi di abbonamento alla pay-TV, evidenzialo nell'annuncio e adegua il canone richiesto).
- Ventilatore: indispensabile qualora la casa non sia dotata di impianto di aria condizionata.
- Lavatrice/asciugatrice, ferro e asse da stiro. Ritengo indispensabili la lavatrice e l'occorrente per stirare. Qualora l'appartamento non sia dotato di un comodo balcone per stendere, ti consiglio l'installazione anche dell'asciugatrice.

Inoltre, dotare la casa di una zona lavanderia creerà un valore aggiunto che ti ripagherà velocemente dell'investimento iniziale.

Oltre ai criteri generali appena descritti, se il tuo target sono gli studenti universitari, la parola d'ordine è funzionalità. Soprattutto per quanto concerne le parti comuni dell'alloggio: non le dovrai arredare con mobili di particolare valore o all'ultima moda, ma dovrai fare in modo che le parti comuni siano pratiche, funzionali e dotate di tutti i comfort. Non potranno mai mancare gli elettrodomestici come lavatrice e lavastoviglie e, qualora in casa vi siano più di due studenti, potrebbe essere molto utile installare un frigorifero di grandi dimensioni.

Un discorso diverso va fatto invece per le stanze da letto che, per lo studente, rappresentano la casa nella casa. Le stanze, oltre a essere funzionali e quindi dotate di un armadio guardaroba, una cassettiera e una scarpiera, dovranno prevedere una zona studio, con una scrivania spaziosa e ben illuminata, con le prese della corrente a portata di mano per ricaricare comodamente la batteria del PC portatile, con una libreria e delle mensole per riporre il materiale di studio. Inoltre, dovranno essere ampie e spaziose, luminose e, soprattutto, accoglienti. Gli studenti non hanno molte pretese, si accontentano di mobili di modesta qualità (ideali quelli di IKEA), purché siano moderni e gli spazi siano ben sfruttati.

Se seguirai queste semplici indicazioni, le tue stanze andranno a ruba, dato che la concorrenza mediamente è costituita da privati che affittano il vecchio appartamento ereditato dalla nonna, con i mobili dell'epoca in legno massello marrone scuro e le poltrone con la tappezzeria a fiori degli anni Settanta.

Per reperire i mobili e i complementi d'arredo, ti consiglio anche di fare un giro nei mercatini dell'usato e di consultare gli annunci di arredi usati pubblicati sui siti più visitati (ad esempio www.subito.it). Ti sorprenderà constatare che sono pieni di occasioni di mobili di alta qualità, in ottimo stato, che le persone svendono solo per far posto ai nuovi arredi. Per te rappresentano un'occasione fantastica: allo stesso prezzo degli arredi nuovi di bassa qualità acquisterai pezzi usati di ottima fattura, che le persone scartano solo per la voglia di rinnovare l'ambiente di casa.

Nei primi anni della mia attività di investitore immobiliare svolgevo le ricerche da sola, la sera e nei fine settimana, sottraendo tempo prezioso al riposo e alla mia famiglia. Ritenevo troppo costoso affidarmi a un consulente che potesse svolgere questa attività al mio posto, ed ero convinta che gli arredatori d'interni e gli home stager professionisti si rivolgessero unicamente a un target di immobili di lusso. Ebbene, mi sbagliavo sotto tutti i fronti: nel tempo, l'esperienza mi ha insegnato che sul mercato ci sono professionisti con la mente aperta e tanta creatività a cui delegare l'attività di progettazione degli spazi interni e la ricerca dei mobili e dei complementi d'arredo, e che tale scelta fa davvero la differenza. Pertanto, ti sconsiglio di cadere nel mio stesso errore; affidati invece sin da subito a un professionista: ti assicuro che il risultato ti lascerà a bocca aperta!

Ci sono poi delle semplici regole che è fondamentale rispettare per rendere l'immobile appetibile:

1. *Pulizia.* L'appartamento deve essere sempre fatto visionare e consegnato con il bagno e la cucina detersi a fondo, con i vetri brillanti e i mobili privi del minimo granello di polvere.
2. *Tutto in ordine.* La casa deve sempre apparire ordinata e ben

organizzata. Entrando, l'inquilino deve avere la sensazione che ci sia spazio sufficiente per tutti i suoi beni personali.

3. *Dettagli*. È importante che ciascuno dei tuoi appartamenti si faccia ricordare per un dettaglio particolare, che resti bene impresso nella mente dei tuoi potenziali inquilini. Ricordati che, prima di scegliere, le persone visitano diverse proprietà e, se la tua li avrà colpiti per un particolare indimenticabile, avrà molte più possibilità di essere scelta.

Ricorda inoltre che le prime impressioni sono determinanti nella scelta di una casa in cui vivere. Secondo gli esperti, le decisioni di acquisto si prendono nei primi 15 secondi dall'inizio della visita all'immobile; io ritengo che lo stesso criterio valga anche nella selezione di una casa da prendere in affitto. L'ingresso nelle tue case, per il tuo potenziale inquilino, deve rappresentare un'esperienza unica, che susciti emozioni da ricordare. Affinché ciò accada, è importante coinvolgere tutti e cinque i sensi della persona.

A questo proposito, ti consiglio di far visitare i tuoi appartamenti ai potenziali inquilini con una temperatura gradevole, in qualsiasi stagione, e di fare in modo che all'ingresso trovino sempre un profumo fragrante, che stimoli i loro sensi. Prima del loro arrivo, accertati che il riscaldamento o l'aria condizionata siano accesi e che la temperatura all'interno dei locali sia intorno ai 20 gradi. Posiziona all'ingresso di tutte le tue case dei diffusori di fragranze per ambienti, ma non risparmiare pochi euro acquistando profumi dozzinali nei discount, investi invece nella qualità, facendoti consigliare in una profumeria o, meglio, in un negozio di prodotti naturali.

I profumi sono molto importanti perché il senso dell'olfatto può risvegliare sensazioni a livello profondo, non gestibili a livello conscio, e influenza quindi direttamente l'umore delle persone. In altre parole, coinvolgere il senso dell'olfatto è fondamentale nella creazione di un'atmosfera piuttosto che di un'altra. Ritengo così importante questo aspetto, che nei miei seminari invito sempre un'esperta ad approfondire l'argomento.

Se il tuo immobile si trova all'interno di un condominio, parla con l'amministratore o con gli altri condòmini e proponi loro di rendere l'ingresso condominiale più accogliente, magari offrendo loro un flacone gratuito delle tue essenze e poi invitandoli a notare la differenza. Vedrai che ti ringrazieranno e non potranno più farne a meno.

STRATEGIA n. 17: rendi l'ingresso nelle tue case un'esperienza unica per il tuo potenziale inquilino, fai in modo che susciti in lui emozioni da ricordare; affinché ciò accada, è importante coinvolgere tutti e cinque i sensi della persona.

STRATEGIA n. 18: sorprendi il tuo inquilino e poniti l'obiettivo di rendere indimenticabile la sua esperienza di vita nella tua casa!

Nei miei seminari dal vivo ripeto sempre che gli investimenti immobiliari sono un gioco di squadra; spesso, mentre ne parlo, fatico a tenere a bada le emozioni che mi suscita questo argomento, perché si tratta di uno degli errori che ho commesso all'inizio della mia attività e anche quello che mi è costato di più in termini di tempo prezioso sottratto alla mia vita personale.

Ho progettato gli spazi e arredato personalmente i miei primi appartamenti, sulla base della convinzione che la mia passione per l'arredo e per il design fosse più che sufficiente per svolgere un ottimo lavoro. Ebbene, ancora una volta mi sbagliavo. Ho impiegato ore e ore di lavoro, sottratte alla mia famiglia, al riposo e al divertimento, per ottenere risultati mediocri. Il tempo e l'esperienza mi hanno poi dimostrato che la scelta di delegare ogni specifica attività al professionista di settore è una decisione che paga sia in termini di tempo libero, sia in termini prettamente economici.

Pertanto, ti invito a selezionare sin da subito una squadra di professionisti a cui poter delegare il compito di suddividere gli spazi della casa nel modo più funzionale possibile, di cercare i mobili e i complementi di arredo più adeguati e con il miglior rapporto qualità/prezzo possibile. In particolare, al fine di svolgere l'attività descritta in questo capitolo, le figure di riferimento sono essenzialmente tre:

1) *Geometra/architetto*. La figura di un tecnico qualificato è importante non solo per determinare la più funzionale distribuzione degli spazi della casa, ma si rivelerà

fondamentale in caso di ristrutturazione. Nel mio ruolo di avvocato, negli anni ho visto tanti progetti immobiliari impantanarsi nei vincoli normativi a cui viene assoggettata la ristrutturazione di un edificio. È una gran perdita di tempo e può diventare un problema di difficile soluzione, ma con l'architetto giusto, che conosce in modo approfondito tutte le norme e i regolamenti, supererai agilmente gli ostacoli burocratici.

2) *Direttore lavori.* Se hai necessità di ristrutturare il tuo immobile, è una figura fondamentale. Ti consiglio di non cedere alla tentazione di risparmiare affidandoti a un professionista poco esperto: è una scelta che ti costerà molto cara, e non solo in termini economici. Anni fa ho affidato la ristrutturazione e il contestuale frazionamento di un appartamento al tecnico sbagliato, che ha trasformato quell'esperienza in un vero e proprio incubo!

3) *Arredatore d'interni.* Mentre l'architetto e il direttore lavori non sono sempre necessari, la figura dell'arredatore d'interni è sempre fondamentale perché ti aiuta a creare e razionalizzare gli spazi in modo logico e funzionale. All'inizio facevo tutto da sola, giravo per i negozi di arredamento, sfogliavo i

cataloghi IKEA e passavo ore e ore a setacciare gli annunci di mobili usati sul web a caccia di idee, suggerimenti e occasioni, finché mi sono rivolta a un'arredatrice d'interni, il cui aiuto mi ha davvero cambiato la vita. Intanto perché posso occuparmi di fare l'investitore immobiliare e non mi devo più improvvisare in una professione che, sebbene mi appassioni, non mi appartiene, e poi perché mi sono lasciata sorprendere dalle mille potenzialità dei miei appartamenti, che erano nascoste dietro l'angolo e io non riuscivo a cogliere.

STRATEGIA n. 19: gli investimenti immobiliari sono un gioco di squadra: seleziona sin da subito un team di professionisti a cui poter delegare il compito di progettare gli spazi, arredare e corredare le tue case; risparmierai tempo e denaro!

Personalmente, alla fine del lavoro di preparazione dell'immobile, che delego ai professionisti di mia fiducia, faccio comunque sempre un sopralluogo nell'appartamento, con uno specifico punto di vista: quello dell'inquilino che, appena arrivato in città, sta entrando per la prima volta in quella che, per qualche mese, sarà la sua casa. Immagino di avere con me soltanto un paio di valigie (piene di vestiti, oggetti personali e qualche libro) e la busta della spesa, memore delle parole della proprietaria (ovvero me stessa) che mi ha assicurato che per il mio soggiorno non occorre altro. Mi fermo un attimo sulla porta, all'ingresso, mi guardo attorno con l'aria un po' smarrita di chi non conosce la casa, appoggio le valigie e faccio un rapido giro per l'alloggio, ponendomi queste domande:

- È un posto confortevole e accogliente?
- Ci tornerei volentieri dopo una lunga giornata di lavoro o di studio?
- È un posto in cui, rientrando la sera, mi sentirei "finalmente a casa"?

Se la risposta a ciascuna di queste domande è affermativa, sono certa che sia stato fatto un buon lavoro e che il mio ospite trascorrerà dei mesi piacevoli nel mio appartamento. In caso contrario, convoco i miei professionisti e insieme a loro mi impegno a capire che cosa migliorare e come farlo, finché le risposte non diventano affermative.

L'esperienza mi ha insegnato che, quando l'immobile è nella zona giusta, ed è stato arredato e corredato con l'obiettivo di soddisfare le esigenze del tuo target di inquilini – ovvero avendo seguito passo passo il metodo "Affitti Rischio Zero" –, ti troverai nella situazione di non poter accontentare tutte le richieste e ad avere, come me, una lista di attesa di aspiranti inquilini.

In altre parole, ti accorgerai che la domanda sarà superiore all'offerta e che le persone faranno la fila per vivere nella tua casa. A quel punto, ti servirà conoscere e mettere in pratica l'ultima fase del metodo "Affitti Rischio Zero", ovvero trovare l'inquilino perfetto e stipulare con lui il contratto più funzionale alle vostre esigenze. All'approfondimento di questi aspetti fondamentali sono dedicati i prossimi due capitoli.

RIEPILOGO DEL CAPITOLO 3:

- STRATEGIA n. 14: prima di pensare a come arredare e corredare il tuo appartamento, è indispensabile individuare il target specifico di inquilini che intendi ospitare.

- STRATEGIA n. 15: la regola ferrea, che non ammette eccezioni, è che per vivere di rendita da affitti e dormire sonni tranquilli, bisogna dimenticare l'esistenza del contratto che dura 4 anni e che si rinnova automaticamente per altri 4 anni e focalizzarsi esclusivamente sugli affitti residenziali di breve periodo.

- STRATEGIA n. 16: utilizza colori neutri e arreda con uno stile moderno, all'insegna della semplicità e dell'essenzialità, al fine di incontrare il gusto di un vasto numero di persone.

- STRATEGIA n. 17: rendi l'ingresso nelle tue case un'esperienza unica per il tuo potenziale inquilino, fai in modo che susciti in lui emozioni da ricordare; affinché ciò accada, è importante coinvolgere tutti e cinque i sensi della persona.

- STRATEGIA n. 18: sorprendi il tuo inquilino e poniti l'obiettivo di rendere indimenticabile la sua esperienza di vita nella tua casa!

- STRATEGIA n. 19: gli investimenti immobiliari sono un

gioco di squadra: seleziona sin da subito un team di professionisti a cui poter delegare il compito di progettare gli spazi, arredare e corredare le tue case; risparmierai tempo e denaro!

Capitolo 4:
Come trovare l'inquilino perfetto

Avere successo in campo immobiliare non vuol dire solo saper scegliere l'immobile giusto e allestirlo al meglio per le esigenze di chi vi abiterà; significa anche conoscere e padroneggiare le corrette strategie di scelta dell'inquilino, al fine di rendere prossimo allo zero il rischio di controversie e sfratti.

L'obiettivo di questo capitolo è fornirti tutte le strategie del metodo "Affitti Rischio Zero" per permetterti di valutare e scegliere l'inquilino perfetto per i tuoi immobili e vivere di rendita dormendo sonni tranquilli. Nella scelta dei tuoi inquilini non puoi affidarti alla fortuna. Incrociare le dita sperando di trovare una persona onesta che ti paghi regolarmente ogni mese e rispetti la tua proprietà non è una strategia vincente.

L'argomento di questo capitolo è forse il più importante, perché puoi avere l'immobile nel quartiere più strategico della città, arredato e corredato su misura per le esigenze dei tuoi inquilini, ma se resta vuoto o, peggio, se ospiterai le persone sbagliate, la tua operazione sarà un vero fallimento.

Attrarre un buon inquilino è un'abilità che richiede conoscenza ed esperienza; nelle prossime pagine metterò a tua disposizione tutto ciò che ho imparato sui libri scritti dai migliori investitori al mondo e tutto ciò che ho appreso sul campo, facendo errori da cui ogni volta traevo una lezione importante. Se applicherai alla lettera i miei suggerimenti, potrai trovare in completa autonomia l'inquilino perfetto per i tuoi appartamenti e dormire sonni tranquilli.

Se invece non hai tempo o voglia di dedicarti a questa attività, e la vorrai delegare ad altri, leggi le prossime pagine con attenzione ancora maggiore, perché ti permetteranno di acquisire le conoscenze necessarie a giudicare il lavoro della persona a cui demanderai questo delicato compito.

A tal proposito voglio richiamare la tua attenzione su un aspetto fondamentale: gli agenti immobiliari sono professionisti che svolgono attività di mediazione, ovvero il loro compito è quello di mettere in contatto fra loro due o più parti al fine della conclusione di un affare (nel nostro caso, un contratto di locazione). Inoltre, molti agenti immobiliari sono specializzati in compravendite e il settore delle locazioni è una parte marginale del loro giro d'affari.

Pertanto, qualora tu decida di affidare ad un'agenzia immobiliare l'incarico di trovare un inquilino per i tuoi appartamenti, a mio avviso è indispensabile verificare che sia specializzata in locazioni e che non si limiti alla ricerca di una persona che voglia vivere nella tua casa, ma che svolga la fondamentale attività di consulenza in ordine alla valutazione della persona e delle garanzie che può prestare.

Quando i miei clienti mi affidano il compito di trovare un inquilino per le loro proprietà, la mia attività di consulenza è così composta: il 25% del tempo lo dedico a dare loro consigli in merito alla stesura dell'annuncio e alla gestione delle telefonate e degli appuntamenti, il 75% lo dedico invece alla valutazione della persona e all'esame e alla ricerca della documentazione necessaria per verificare la solvibilità dell'inquilino e poter concludere il contratto in tutta serenità.

Se avrai seguito il mio metodo "Affitti Rischio Zero", da subito ti accorgerai quanto sia semplice trovare persone che vogliono vivere nelle tue case, tanto che, nella maggior parte dei casi, sarà sufficiente un solo appuntamento. La vera difficoltà sta invece nel valutare l'affidabilità del tuo potenziale inquilino, e sarà proprio questa attività a fare la differenza fra un'esperienza da incubo e vivere di rendita da affitti senza problemi.

Vediamo innanzitutto quali tipologie di persone è preferibile ospitare nelle tue case. Se hai seguito le mie strategie in merito alla scelta dell'immobile e al suo allestimento, avrai già capito che gli inquilini perfetti sono persone che si trasferiscono temporaneamente, per esempio per motivi di lavoro o di studio, da soli oppure in coppia (con un collega di lavoro, un compagno di università, oppure con il partner).

Le tue case sono state progettate su misura per chi ha un'esigenza abitativa transitoria e ha necessità di trovare una casa arredata e corredata in modo completo. Per spiegare ai miei potenziali inquilini quali servizi troveranno nei miei appartamenti, dico sempre che per abitarli sarà sufficiente entrare con la valigia e la busta della spesa, perché al resto ho già pensato io.

STRATEGIA n. 20: gli inquilini che devi attrarre nelle tue case sono persone che hanno un'esigenza abitativa transitoria, che si trasferiscono temporaneamente, per esempio per motivi di lavoro o di studio, da soli oppure in coppia.

Immagina per un momento di doverti trasferire a diverse centinaia di chilometri da casa, per un breve periodo di tempo: il soggiorno in hotel o in un bed and breakfast è troppo costoso e poi ti mancherebbe l'idea di casa. Allora provi a contattare le agenzie immobiliari, che ti propongono solo affitti di 4 anni, chiedendo tre mensilità di cauzione e l'intestazione di tutte le utenze; oppure rispondi a qualche annuncio di proprietari privati, che ti presentano appartamenti solo parzialmente arredati, con mobili recuperati chissà dove, in pessimo stato di manutenzione («Tanto sono per una casa da affittare», pensa, quasi con disprezzo verso i suoi ospiti, la maggior parte dei proprietari). Ho dipinto una situazione veramente problematica, vero? Pensa che la maggior parte dei miei inquilini mi racconta storie come questa, con gli occhi che brillano per la gioia di avere finalmente trovato in me e nelle proprietà che gestisco la soluzione abitativa che stavano cercando.

La garanzia di ospitare solo persone con queste specifiche caratteristiche è data da molteplici fattori:

1. se sono persone che si spostano per lavoro, significa che un lavoro ce l'hanno e di conseguenza possono anche permettersi di pagarti l'affitto a fine mese;

2. se sono persone che risiedono dall'altra parte d'Italia, terminata l'esigenza lavorativa non vedranno l'ora di tornare a casa loro, per riabbracciare la loro famiglia e tornare alla loro quotidianità, e tu non correrai il rischio di vederli piantare le radici nel tuo appartamento;

3. se sono studenti fuori sede hanno alle spalle i genitori, che garantiscono per loro e che sono disposti a tutto pur di vedere il figlio sistemato in una stanza confortevole e funzionale.

La modalità per trovare potenziali inquilini è molto semplice ed è a costo zero: dovrai semplicemente inserire un annuncio gratuito sui principali siti web di annunci. Qui di seguito ti fornisco un elenco di quelli che utilizzo maggiormente, ma potrai trovarne agevolmente altri, magari specifici per una determinata zona d'Italia o per la ricerca di particolari categorie di inquilini, per esempio gli studenti universitari.

Tra i portali di annunci generici (di qualsiasi categoria), utilizzo:

- www.subito.it;
- www.kijiji.it;
- www.bakeka.it;
- www.vivastreet.it.

Tra i portali di annunci immobiliari utilizzo:

- www.idealista.it;
- www.stanzazoo.it (solo stanze per studenti universitari).

Ti consiglio altresì di verificare se ci sono pagine Facebook dedicate agli annunci immobiliari relativi alla zona in cui hai deciso di operare, che raccolgono sia offerte sia richieste di appartamenti o stanze in affitto.

STRATEGIA n. 21: la modalità per trovare potenziali inquilini è molto semplice ed è a costo zero: dovrai semplicemente inserire un annuncio gratuito sui principali siti web di annunci.

Comunque, dopo tanti anni di esperienza, ti posso assicurare che, se avrai seguito alla lettera le strategie che ti ho indicato sin qui, sarà sufficiente pubblicare un annuncio su un paio di siti per avere una pioggia di richieste. Inoltre, dopo un periodo di attività piuttosto breve, saranno i tuoi inquilini soddisfatti la tua migliore fonte di reclutamento di altre persone interessate ad affittare le tue case.

Vediamo ora un altro aspetto fondamentale: come scrivere un annuncio efficace, che attragga il giusto target di clientela. Ti assicuro che non c'è nulla di più fastidioso del perdere tempo rispondendo a una pioggia di telefonate da parte di persone che vorrebbero affittare la tua casa, ma che non hanno le caratteristiche giuste. La soluzione a questo problema è molto semplice: scrivi esplicitamente, già nel titolo dell'annuncio, quale tipologia di inquilino stai cercando ed esponi con chiarezza nell'apposita sezione dell'annuncio il canone mensile di locazione che vuoi richiedere.

Le informazioni che inserisci nel titolo dell'annuncio e quelle relative al canone di locazione sono molto importanti anche per un altro motivo: è proprio sulla loro base che i tuoi potenziali inquilini inizieranno a fare una prima scrematura di tutti gli immobili proposti sul mercato.

Per questo motivo ti suggerisco di inserire sempre, all'inizio del titolo di tutti gli annunci, quattro diciture in questo esatto ordine:

1) **"Da privato"**. Per il tuo specifico target è un enorme valore aggiunto conoscere sin da subito questa informazione, perché risparmiare qualche centinaio di euro di provvigioni sulla conclusione di un contratto fa piacere a chiunque, a maggior ragione a chi deve stipulare un contratto a breve termine, in quanto la provvigione si tradurrebbe in un esborso pari a un'alta percentuale sul canone complessivo pagato. Ricordati poi di specificare nel testo, al termine dell'annuncio, che la proprietà, per quanto concerne la tassazione, si avvale del regime della cedolare secca e di specificare che ciò comporta

un enorme vantaggio per l'inquilino, che non dovrà versare nemmeno un euro di imposte. Per approfondire questo argomento, ti invito a leggere la parte a esso dedicata nel capitolo 5. Per verificare invece se questo regime di tassazione per te è conveniente o meno, ti consiglio di chiedere una consulenza al tuo fiscalista di fiducia.

2) **"Monolocale/bilocale/stanza singola ideale per..."** È fondamentale specificare in modo chiaro il taglio dell'immobile, nonché la tipologia di persone che si intende ospitare, così da attirare subito l'attenzione del target corretto di inquilini. Ad esempio: "monolocale ideale per single", oppure "bilocale ideale per coppia", oppure ancora "stanza ideale per studenti universitari".

3) **"Arredato e corredato"**. Questa informazione è determinante non solo per attirare la tipologia di inquilino ideale, ma anche per distinguerti immediatamente dalle decine di appartamenti proposti sul mercato.

4) **"Solo per brevi periodi"**. Nel testo dell'annuncio è fondamentale poi specificare che cosa si intende per brevi periodi (ad esempio: minimo 2 mesi e massimo 18 mesi). Nel capitolo 5 ti spiegherò in maniera chiara e semplice che cosa

prevede la normativa in materia di contratti brevi, affinché tu possa operare in tutta serenità nel pieno rispetto della legge.

Seguire questi semplici accorgimenti ti farà risparmiare tanto tempo prezioso in telefonate con persone che non rientrano nel target dei tuoi inquilini perfetti.

STRATEGIA n. 22: scrivi chiaramente nel titolo dell'annuncio tutte le informazioni necessarie ad attrarre solo il target di inquilini che stai cercando.

Il testo dell'annuncio deve essere scritto in maniera chiara e deve contenere l'indirizzo dell'immobile, la descrizione dettagliata della casa, i locali da cui è composta, il numero massimo di persone che può ospitare. Deve inoltre mettere in evidenza particolari servizi e comodità offerti dalla posizione in cui si trova (ad esempio la possibilità di raggiungere a piedi i principali negozi, un supermercato aperto 24 ore su 24, bar e ristoranti, oppure la facilità di collegamento con grandi città mediante linee autostradali o mezzi pubblici).

Inoltre, riprendendo quanto accennato nel titolo dell'annuncio, è importante specificare che l'immobile è completamente arredato, completo di tutti gli elettrodomestici (sottolinea l'eventuale presenza di lavastoviglie, asciugatrice e aria condizionata, perché sono optional di cui la maggior parte degli appartamenti in affitto non è dotata) e corredato di accessori per la cucina, nonché biancheria da bagno e per il letto. Specifica poi che cosa intendi per brevi periodi, indicando espressamente il minimo e il massimo di mesi in cui è possibile affittarlo.

Qualora il tuo consulente fiscale ti abbia consigliato di avvalerti del regime di tassazione della cedolare secca, di cui parlerò nel capitolo 5, ricordati di evidenziarlo chiaramente nel testo dell'annuncio, specificando che per l'inquilino è un vantaggio in termini economici, perché non dovrà versare neanche un euro a titolo di imposte.

STRATEGIA n. 23: il testo dell'annuncio deve essere scritto in maniera chiara e contenere tutte le informazioni dettagliate riguardanti il tuo immobile.

Da ultimo è indispensabile non dimenticare di inserire, a chiusura del testo dell'annuncio, l'indicazione della classe energetica e dell'indice di prestazione energetica (EPgl) dell'immobile, dati che si ottengono dall'Attestato di prestazione energetica (APE). In termini semplici, si tratta di fornire le indicazioni relative alle caratteristiche energetiche dell'immobile.

Per ottenere l'APE, è sufficiente rivolgersi a un tecnico in possesso dell'abilitazione ai fini dell'attività di certificazione energetica (in genere un geometra o un architetto). Fai particolare attenzione a due aspetti:

1) La parcella del professionista che redige l'APE può variare di qualche centinaio di euro a seconda del tecnico a cui ti rivolgi. Ti consiglio pertanto di chiedere diversi preventivi a tecnici abilitati e, nel caso tu abbia diversi immobili, di negoziare un accordo che preveda delle tariffe agevolate a fronte della quantità di lavoro che procurerai al professionista. Nella mia esperienza, avere chiesto più preventivi e avere stipulato un accordo con un unico tecnico alla lunga mi ha fatto risparmiare parecchio tempo e denaro.

2) Inserire nell'annuncio l'indicazione di questo dato è

indispensabile, pena l'irrogazione di sanzioni amministrative in caso di inadempimento. Tieni conto che l'APE ha una validità di 10 anni, salvo che intervengano variazioni all'immobile, ed è un documento indispensabile anche per la vendita dell'immobile.

STRATEGIA n. 24: ricorda di inserire sempre nell'annuncio l'indicazione della classe energetica e dell'indice di prestazione energetica (EPgl) dell'immobile, dati che si ottengono dall'attestato di prestazione energetica (APE); in caso di omissione, sono previste sanzioni amministrative.

Al fine di ottenere un annuncio davvero efficace, è fondamentale completarlo con delle fotografie di tutti gli ambienti della casa, scattate nel momento della giornata in cui c'è la luce migliore e con un'apparecchiatura fotografica di buona qualità, che esaltino le qualità dell'immobile. Ricorda che le fotografie, insieme al titolo dell'annuncio, sono la tua prima chance per attirare l'attenzione del tuo potenziale inquilino e convincerlo a proseguire nella lettura del tuo annuncio.

Pertanto, ti consiglio di affidarti a un fotografo professionista o comunque a una persona esperta e capace: una decina di scatti ben fatti ti costeranno al massimo un centinaio di euro e ti aiuteranno a far percepire il valore del tuo immobile e ad affittarlo più velocemente.

STRATEGIA n. 25: è fondamentale corredare l'annuncio di fotografie di tutti gli ambienti, scattate da un professionista.

Se seguirai alla lettera le strategie del metodo "Affitti Rischio Zero", sono certa che, come me e i miei clienti, riceverai una pioggia di chiamate e le persone faranno la fila per vivere nella tua casa. A questo punto, dovrai soltanto mettere in atto l'ultima parte del metodo e applicare le strategie relative alla selezione degli aspiranti inquilini.

Così come in ogni ambito della vita, anche nell'attività di selezione delle persone che ospiterai nelle tue case è fondamentale porre le domande giuste e ascoltare con attenzione le risposte che ti verranno date. Come diceva Anthony Robbins: «Le domande di qualità creano una vita di qualità. Le persone di successo pongono domande migliori e, come risultato, ottengono risposte migliori».

Ti renderai conto, sin dalle prime telefonate che riceverai, che la maggior parte delle persone non arriva subito al punto, non ti pone domande dirette, pertanto dovrai essere abile nel porre subito i quesiti fondamentali per comprendere se la persona all'altro capo del telefono può essere un potenziale inquilino oppure ti sta soltanto facendo perdere tempo prezioso.

Qui di seguito ti fornisco un elenco delle domande principali da porre all'interlocutore, che ti permetteranno di fare una prima valutazione nell'arco di uno o massimo due minuti:

1) Quante persone siete?
2) Per quanto tempo dovrete soggiornare nella casa?
3) In quale periodo di tempo (da quando a quando)?
4) Per quale motivo vi trasferite nel mio appartamento?

Una volta posta la domanda, fai particolare attenzione a ciò che dirà il tuo interlocutore; spesso non riceverai una risposta secca e precisa, ma il potenziale inquilino si dilungherà nel raccontarti esperienze passate e vicende personali, spesso poco attinenti all'instaurando rapporto contrattuale. Con il tempo affinerai la capacità di ascoltare e capirai immediatamente se ciò su cui si dilunga l'altra persona potrebbe contenere informazioni utili al tuo scopo, oppure se si tratta di mere chiacchiere da bloccare sul nascere.

Pur non essendo una psicologa, né tantomeno un'esperta in materia, ho seguito diversi corsi di alta specializzazione in comunicazione, dai quali ho tratto molte nozioni importanti, che metto in pratica quotidianamente anche nell'attività di selezione dei potenziali inquilini per i miei clienti. In particolare, ho imparato a sviluppare la cosiddetta capacità di "ascolto attivo", ovvero l'abilità di saper ascoltare gli altri con un elevato grado di attenzione e di partecipazione comunicativa, superando l'abitudine di ascoltare in modo spesso superficiale e distratto, che differisce dall'ascolto comunemente inteso come mera ricezione di informazioni.

Una caratteristica fondamentale dell'ascolto attivo è quella di restituire all'interlocutore il contenuto del suo messaggio con parole diverse: ciò consente all'ascoltatore di verificare di avere compreso correttamente ciò che ha espresso l'altra parte e, a quest'ultima, di sentirsi davvero ascoltata con attenzione. Una delle strategie più utilizzate e di più semplice applicazione è quella della parafrasi, che consiste nel riformulare il concetto espresso dall'interlocutore utilizzando parole diverse, oppure quella del riepilogo, che consiste nel riassumere di tanto in tanto ciò che l'interlocutore sta dicendo.

Per una piena ed efficace realizzazione, la tecnica dell'ascolto attivo presuppone studi specifici, nonché la presenza fisica dell'interlocutore, che deve essere osservato attentamente, così da percepirne anche il linguaggio non verbale e il tono di voce, allo scopo di favorire la nostra concentrazione, il nostro grado di attenzione e, quindi, l'ascolto. Sebbene non sia la professionista adatta, né questa la sede opportuna per trattare la materia, ritengo che qualche rudimentale nozione possa fare la differenza anche nella nostra attività. Pertanto ti consiglio di approfondire la materia, che in ogni caso ti sarà molto utile in ogni ambito della tua vita. «Diventa un buon ascoltatore» (Jim Rohn).

STRATEGIA n. 26: nell'attività di selezione dei potenziali inquilini è fondamentale porre le domande giuste e ascoltare con attenzione le risposte che vengono date.

Uno dei maggiori vantaggi derivanti dallo sviluppo delle abilità di fare le domande giuste, e di ascoltare con attenzione, sarà quello di riconoscere velocemente certe categorie di persone e di evitare di entrarvi in relazione contrattuale. In particolare, nella mia esperienza, ne ho individuate due tipologie:

1) *Le persone eternamente indecise.* Sono quelle che fanno diverse telefonate ponendo sempre domande diverse, per lo più inutili o ininfluenti, prima di fissare un appuntamento per visionare l'immobile e che anche dopo il sopralluogo continueranno a chiamare diverse volte, ponendo spesso le stesse domande, con malcelata diffidenza. Ritengo che siano da evitare, perché sono veri e propri vampiri che succhiano tempo ed energie.

2) *Le persone problematiche.* Sono quelle che trovano un problema per ogni soluzione. Sono tendenzialmente polemiche e hanno un atteggiamento scontroso e ostile fin dall'inizio. A mio avviso è opportuno evitarle perché si tratta di persone con

cui sarà molto difficile instaurare un buon rapporto e che creeranno problemi per ogni minimo inconveniente dovesse verificarsi.

Queste due tipologie di persone, anche se offrono le migliori garanzie, non saranno mai buoni inquilini; avranno da ridire su ogni dettaglio della casa che non è come si aspettavano che fosse e, molto probabilmente, creeranno problemi anche con i vicini di casa. Un solo esempio tratto, mio malgrado, dalla mia esperienza personale ti basterà per comprendere cosa intendo. Tempo fa sono stata contattata dagli anziani vicini che vivono al piano di sotto di un mio appartamento perché uno dei miei inquilini girava costantemente scalzo per casa la sera tardi e, alle loro legittime lamentele, si era difeso accusandoli di essere poco tolleranti.

STRATEGIA n. 27: evita le persone eternamente indecise e le persone problematiche; anche se offrono le migliori garanzie, non saranno mai buoni inquilini, perché nonostante i tuoi sforzi non riuscirai mai a costruire un buon rapporto con loro.

110

La relazione che instaurerai con il tuo inquilino sarà la chiave del tuo successo immobiliare. Non solo perché un inquilino soddisfatto sarà ben felice di farti il bonifico a fine mese, ma anche perché sarà il migliore strumento di marketing a tua disposizione: ti farà pubblicità a titolo gratuito e senza nemmeno che tu glielo chieda.

Pensa ad uno studente universitario che occupa una delle stanze del tuo appartamento, arredata con mobili funzionali alle sue esigenze, luminosa e spaziosa. Pensa quando andrà a lezione e parlerà ai suoi compagni di corso della sua bella stanza, che ha affittato da un privato (senza inutili costi di agenzie immobiliari), con un contratto di poche pagine, scritto in maniera chiara e comprensibile. Pensa alla curiosità dei suoi compagni di corso, che non vedranno l'ora di visitare la sua stanza e, una volta vista, non vedranno l'ora di occuparne una anche loro.

Lo stesso discorso vale per un dipendente di una grossa società che abita in uno dei tuoi appartamenti, arredati con gusto ed equipaggiati con ogni comodità. Pensa a quando inviterà a cena i colleghi di lavoro, tutti provenienti da fuori e, magari, in quel momento alloggiati in uno di quegli appartamenti pieni di muffa e arredati con mobili in stile anni Sessanta.

STRATEGIA n. 28: la relazione che instaurerai con il tuo inquilino sarà la chiave del tuo successo immobiliare.

Una volta selezionato il potenziale inquilino, è il momento di svolgere l'attività più importante, quella che ti consentirà di affittare la tua casa in tutta serenità senza vivere costantemente nell'incubo che l'inquilino non ti paghi l'affitto o danneggi l'immobile o non lasci libero l'alloggio a fine contratto: la verifica patrimoniale/reddituale dell'inquilino e la sua solvibilità.

In altre parole, si tratta di uno dei concetti chiave del metodo "Affitti Rischio Zero": passare ai raggi X i redditi e le proprietà del potenziale inquilino, per essere certi che possa permettersi di pagare l'affitto a fine mese e che, in caso di danni alla tua casa, ci sia la garanzia di un patrimonio e/o uno stipendio eventualmente da pignorare. Nonostante sia un aspetto a cui quasi tutti i proprietari di immobili sono estremamente attenti, nella mia esperienza professionale ho riscontrato parecchi errori nella tipologia di documenti richiesti, nonché errori di valutazione della documentazione, che hanno inevitabilmente portato conseguenze negative per le tasche dei malcapitati proprietari.

STRATEGIA n. 29: una delle fasi cruciali del metodo "Affitti Rischio Zero" consiste nella richiesta dei documenti reddituali e patrimoniali del potenziale inquilino, nonché nella corretta valutazione degli stessi; in caso di errore, le perdite economiche in genere sono molto elevate.

Ritengo pertanto fondamentale riportare qui di seguito un elenco di documenti da richiedere al potenziale inquilino, oltre naturalmente alla fotocopia del documento d'identità e del codice fiscale, suddivisi a seconda che si tratti di un lavoratore dipendente/pensionato oppure di un lavoratore autonomo.

Nel caso di lavoratore dipendente/pensionato:

- ultimi 2 modelli 730 disponibili;
- ultime 2 Certificazioni Uniche disponibili;
- copia delle ultime 3 buste paga o cedolini pensione disponibili;

- visura CRIF, richiedibile direttamente online al seguente link: https://www.modulorichiesta.crif.com, oppure tramite un professionista del settore.

Nel caso di lavoratore autonomo:
- certificato di attribuzione della Partita IVA;
- ultimi 2 modelli Unico disponibili e modelli F24 quietanzati;
- copia di tutte le fatture emesse nell'anno in corso;
- visura CRIF, richiedibile direttamente online al seguente link https://www.modulorichiesta.crif.com, oppure tramite un professionista del settore.

Una volta esaminati i documenti reddituali della persona, è necessario valutare attentamente gli importi e verificare che il canone mensile di locazione non superi 1/3 del reddito mensile netto percepito, decurtati eventuali altri impegni finanziari in corso, desumibili dalla visura CRIF. In caso contrario, le probabilità che l'inquilino possa permettersi di pagare l'affitto regolarmente potrebbero diminuire in misura sensibile.

Nei casi che seguono, ti consiglio di richiedere sempre la

fideiussione di un parente (ad esempio un genitore pensionato), del quale naturalmente dovrai richiedere e valutare la documentazione reddituale:

1) lavoratore autonomo con Partita IVA aperta da meno di due anni;

2) lavoratore dipendente con contratto a tempo determinato;

3) canone di locazione superiore al 30% del reddito netto mensile

4) in qualunque caso tu ritenga necessario avere una maggiore garanzia.

Ti consiglio di non esitare nel richiedere la documentazione reddituale completa o la fideiussione di un parente: per esperienza ti posso assicurare che, se il tuo potenziale inquilino è in buona fede, non solo non esiterà a fornirti i documenti richiesti, ma sarà addirittura lui stesso a proporti la possibilità di un'ulteriore garanzia. In caso di rifiuto a fornire i documenti richiesti, ti invito a non procedere alla stipula del contratto in maniera categorica.

Oltre alla richiesta e all'esame della documentazione appena illustrati, ti consiglio di effettuare due ulteriori semplici verifiche preliminari che personalmente eseguo sempre, ovvero:

STEFANIA IGNELZI – AFFITTI RISCHIO ZERO

1) *Visura protesti online*. Il protesto è l'atto con cui un pubblico ufficiale autorizzato dalla legge (notaio, ufficiale giudiziario, segretario comunale), constata la mancata accettazione di una cambiale tratta o il mancato pagamento di una cambiale, di un vaglia cambiario, di un assegno bancario o postale. I pubblici ufficiali, alla fine di ogni mese, devono trasmettere alla Camera di Commercio competente per territorio l'elenco dei protesti verbalizzati con l'identificazione dei debitori contro i quali ogni protesto è stato levato. La visura protesti è un documento che si ottiene pagando pochi euro e che contiene l'eventuale elenco dei protesti levati contro una determinata persona. Naturalmente, in caso di visura protesti positiva (che riporta quindi protesti levati nei confronti del potenziale inquilino), ritengo che si debba opporre un rifiuto.

2) *Visura ipocatastale*. Si tratta di un documento rilasciato dalla banca dati nazionale della Conservatoria gestita dall'Agenzia delle Entrate (ex Agenzia del Territorio), che permette di visualizzare l'elenco completo delle trascrizioni di compravendite, ipoteche, mutui, pignoramenti, donazioni, successioni ecc. relative a terreni e fabbricati, legalmente depositati presso la Conservatoria dei Registri Immobiliari. In

altre parole, è l'unico documento ufficiale, avente carattere probatorio, che serve a verificare l'effettiva proprietà di un immobile, nonché l'eventuale presenza di limitazioni d'uso o gravami sullo stesso. Nel caso in cui dovessi verificare che il tuo potenziale inquilino è proprietario di un immobile libero da ipoteche, pignoramenti o altri gravami, saprai che quello stesso immobile è la garanzia del pagamento dei tuoi affitti.

Se svolgi una professione lontana dal mondo giuridico, non ti spaventare per i nomi tecnici un po' complessi: si tratta di due documenti che normalmente riesco a reperire telematicamente in qualche minuto e a costi molto contenuti.

STRATEGIA n. 30: è in ogni caso sempre opportuno effettuare due ulteriori verifiche preliminari, ovvero una visura protesti e una visura ipocatastale in Conservatoria; un professionista ti fornirà questi documenti in pochi minuti e con una spesa minima.

Nella mia attività quotidiana e nei miei seminari dal vivo dedico molto tempo e attenzione all'argomento che ho appena trattato, nonostante sia un po' noioso e complesso. Tuttavia, il costo della mancata verifica della solvibilità del tuo potenziale inquilino è davvero troppo alto perché tu possa pensare di non svolgere adeguatamente questa attività. Tieni sempre a mente che le verifiche della solvibilità e affidabilità del tuo inquilino fanno sempre la differenza fra il raggiungimento del tuo obiettivo di investimento profittevole e la perdita di ingenti somme di denaro. «Un grammo di prevenzione vale quanto mezzo chilo di cura» (Christina Maslach).

Pensa ai sacrifici economici che hai dovuto fare tu, oppure i tuoi genitori, per acquistare un appartamento da mettere a reddito, la fatica e il tempo impiegato per scegliere gli arredi e gli accessori più adatti al tuo target di inquilini, ai soldi, faticosamente guadagnati, impiegati per rendere la casa perfetta per le esigenze di chi la deve abitare. Poi pensa a un inquilino che, dopo qualche mese di permanenza, smette di pagarti l'affitto. Immagina per un attimo e prova a sentire tutta la frustrazione e la rabbia che potresti provare. Pensa alle migliaia di euro perse non solo per il mancato incasso dei canoni di affitto, che l'attuale inquilino non sta pagando, ma anche alla quantità di denaro che perderai perché non potrai riaffittare la casa fino a che l'inquilino non sarà sfrattato (ovvero per almeno un anno e mezzo, per essere ottimisti).

Per non parlare delle spese legali per la procedura di sfratto. Tieni conto poi che, alla fine della procedura di sfratto, otterrai indietro la tua casa probabilmente con le pareti da ritinteggiare e qualche mobile danneggiato, e non potrai che sobbarcarti anche i costi per le riparazioni necessarie perché l'inquilino non ti potrà risarcire, in quanto certamente sarà nullatenente. Secondo una stima che tiene conto della mia ormai più che decennale esperienza, mediamente, i danni causati da un inquilino moroso si aggirano intorno ai diecimila euro. Un vero incubo!

Ritengo che lo scenario che ho appena dipinto sia sufficiente a convincerti dell'assoluta necessità di investire poche centinaia di euro per verificare la solvibilità del tuo potenziale inquilino, al fine di garantirti una vita tranquilla e introiti sicuri dall'affitto delle tue case.

STRATEGIA n. 31: le verifiche della solvibilità e

dell'affidabilità del tuo inquilino fanno sempre la differenza fra il raggiungimento del tuo obiettivo di investimento profittevole e la perdita di ingenti somme di denaro.

RIEPILOGO DEL CAPITOLO 4:

- STRATEGIA n. 20: gli inquilini che devi attrarre nelle tue case sono persone che hanno un'esigenza abitativa transitoria, che si trasferiscono temporaneamente, per esempio per motivi di lavoro o di studio, da soli oppure in coppia.

- STRATEGIA n. 21: la modalità per trovare potenziali inquilini è molto semplice ed è a costo zero: dovrai semplicemente inserire un annuncio gratuito sui principali siti web di annunci.

- STRATEGIA n. 22: scrivi chiaramente nel titolo dell'annuncio tutte le informazioni necessarie ad attrarre solo il target di inquilini che stai cercando.

- STRATEGIA n. 23: il testo dell'annuncio deve essere scritto in maniera chiara e contenere tutte le informazioni dettagliate riguardanti il tuo immobile.

- STRATEGIA n. 24: ricorda di inserire sempre nell'annuncio l'indicazione della classe energetica e dell'indice di prestazione energetica (EPgl) dell'immobile, dati che si ottengono dall'attestato di prestazione energetica (APE); in caso di omissione, sono previste sanzioni amministrative.

- STRATEGIA n. 25: è fondamentale corredare l'annuncio di fotografie di tutti gli ambienti, scattate da un professionista.

- STRATEGIA n. 26: nell'attività di selezione dei potenziali inquilini è fondamentale porre le domande giuste e ascoltare con attenzione le risposte che vengono date.

- STRATEGIA n. 27: evita le persone eternamente indecise e le persone problematiche; anche se offrono le migliori garanzie, non saranno mai buoni inquilini, perché nonostante i tuoi sforzi non riuscirai mai a costruire un buon rapporto con loro.

- STRATEGIA n. 28: la relazione che instaurerai con il tuo inquilino sarà la chiave del tuo successo immobiliare.

- STRATEGIA n. 29: una delle fasi cruciali del metodo "Affitti Rischio Zero" consiste nella richiesta dei documenti reddituali e patrimoniali del potenziale inquilino, nonché nella corretta valutazione degli stessi; in caso di errore, le perdite economiche in genere sono molto elevate.

- STRATEGIA n. 30: è in ogni caso sempre opportuno effettuare due ulteriori verifiche preliminari, ovvero una visura protesti e una visura ipocatastale in Conservatoria; un professionista ti fornirà questi documenti in pochi minuti e con una spesa minima.

- STRATEGIA n. 31: le verifiche della solvibilità e dell'affidabilità del tuo inquilino fanno sempre la differenza fra il raggiungimento del tuo obiettivo di investimento profittevole e la perdita di ingenti somme di denaro.

Capitolo 5:
Il contratto giusto: tipologia e tassazione

Una cosa è certa: le controversie giudiziarie e gli sfratti per morosità possono rovinarti la vita sottraendoti tempo, denaro e soprattutto energie mentali. Ma ho un'ottima notizia per te: si possono evitare non solo scegliendo accuratamente l'immobile e l'inquilino giusto, ma anche firmando il contratto adeguato. In questo capitolo ti fornirò alcune nozioni di base sulla tipologia di contratto da adottare e sulle clausole che dovrà contenere per tutelare davvero i tuoi interessi e, infine, sulla scelta della tassazione più adatta alle tue esigenze.

Ricorda che un grammo di prevenzione, che equivale ad affidare la stesura e la revisione periodica dei tuoi contratti ad un avvocato esperto in materia immobiliare, ti farà risparmiare una tonnellata di medicine, ovvero di interminabili e costose cause in tribunale. In termini più pratici, ti consiglio caldamente di investire poche centinaia di euro per far valutare i documenti del tuo potenziale inquilino e far redigere i contratti di locazione da un esperto, allo scopo di risparmiare diverse migliaia di euro in cause di sfratto e altrettante migliaia di euro in mancati incassi di canoni in attesa della liberazione dell'immobile e nel successivo ripristino dei locali a seguito dei tanti danni causati dall'inquilino sbagliato.

STRATEGIA n. 32: un grammo di prevenzione (che equivale ad affidare la stesura e la revisione periodica dei tuoi contratti a un avvocato esperto in materia immobiliare) ti farà risparmiare una tonnellata di medicine (ovvero interminabili e costose cause in tribunale).

Nella mia esperienza professionale di avvocato ho seguito decine e decine di cause scaturite da interpretazioni contrastanti dei contratti; si tratta spesso di contratti scritti in modo non chiaro, di difficile interpretazione che, in quanto tali, non sono in grado di tutelare gli interessi di nessuna delle parti.

Per questo motivo, anche nei miei seminari dal vivo, non mi stanco mai di ripetere l'importanza di affidarsi a un professionista esperto del settore immobiliare che rediga contratti chiari, che contengono clausole in grado di ridurre l'incertezza e sgomberare il campo dalle ambiguità. Ciò garantirà ottimi profitti e sonni tranquilli.

STRATEGIA n. 33: i contratti di locazione devono essere scritti in modo chiaro e tale da ridurre l'incertezza interpretativa sgomberando il campo dalle ambiguità: ciò garantisce ottimi profitti e sonni tranquilli.

Di seguito ti illustro una serie di indicazioni di carattere generale, da tenere sempre ben presenti nella stesura di qualsiasi contratto di locazione. Tuttavia, mi preme evidenziare che esse non sostituiscono la necessità di affidarsi a un avvocato specializzato in materia immobiliare che esamini la singola situazione concreta e, sulla base di essa, rediga il contratto più adeguato alle esigenze del caso specifico.

Vediamole nel dettaglio. All'interno della clausola che contiene l'indicazione dell'ammontare del canone di locazione, è fondamentale specificare e separare sempre la quota "canone" dalla quota "spese condominiali e accessorie". Infatti, il profitto è rappresentato solo dalla quota di canone, e solo su questo importo si devono pagare le tasse.

Nel caso di immobile situato all'interno di un condominio, è importante sapere che le spese condominiali sono divise fra spese di proprietà e spese di gestione (normalmente è una suddivisione operata dall'amministratore all'interno dei riparti preventivi e consuntivi inviati ai condòmini). La legge prevede che, salvo patto contrario, le spese di proprietà siano a carico del proprietario, mentre quelle di gestione siano a carico dell'inquilino. Qualunque sia la tua decisione, tieni a mente due principi fondamentali: specifica sempre nel contratto l'ammontare delle spese condominiali e accessorie (prevedendo una quota a forfait per le utenze, il costo del Wi-Fi ecc.) e prevedi espressamente che l'inquilino le versi mensilmente insieme al canone di locazione. Ritengo sia un grave errore quello di chiedere all'inquilino di versare le spese direttamente al condominio, in quanto ciò non ti permette di tenere la situazione sotto controllo, salvo chiamare periodicamente lo studio dell'amministratore per verificare la regolarità dei pagamenti. Non dimenticare che il soggetto direttamente responsabile dei pagamenti nei confronti del condominio resta sempre e comunque il proprietario, salvo poi riuscire a esercitare il diritto di rivalsa nei confronti dell'inquilino.

In caso di affitto di un alloggio che si trova all'interno di un condominio ritengo altresì indispensabile allegare al contratto di locazione una copia del regolamento condominiale e inserire, all'interno del contratto, una clausola che preveda l'obbligo per l'inquilino di attenersi scrupolosamente alle regole condominiali. Ciò è fondamentale al fine di responsabilizzare l'inquilino e fargli comprendere sin da subito l'importanza del rispetto del regolamento condominiale, oltre che allo scopo di prevenire fastidiosi contenziosi con i vicini.

Altrettanto fondamentale è inserire un'apposita clausola contrattuale che preveda regole ben precise di ripartizione delle spese tra proprietario e inquilino facendo espresso rinvio alla "Tabella oneri e accessori ripartizione fra locatore e conduttore" concordata tra Confedilizia e SUNIA-SICET-UNIAT registrata il 30 aprile 2014 a Roma (Agenzia delle Entrate, Ufficio territoriale di Roma 2 n. 8455/3), che va allegata al contratto di locazione e siglata da entrambe le parti contraenti. Ritengo che ciò sia importante per almeno due motivi. Da una parte la necessità di essere chiari e trasparenti sin da subito con l'inquilino circa le spese inerenti eventuali riparazioni all'interno della proprietà; dall'altra, si fa riferimento a una tabella equa e imparziale, in quanto frutto delle trattative fra sindacati dei proprietari e sindacati degli inquilini. Ricorda il principio generale: più sarete chiari e precisi all'inizio, meno probabilità avrete di far sorgere discussioni o controversie nel corso del rapporto contrattuale.

Un aspetto spesso trascurato concerne l'inserimento di eventuali clausole penali nel contratto. Le clausole penali servono a determinare preventivamente la prestazione che una parte dovrà eseguire in favore dell'altra in caso di inadempimento o ritardo nell'esecuzione di un obbligo contrattuale (ad esempio, in caso di ritardo nel pagamento del canone, l'inquilino dovrà versare al proprietario una penale di 10 euro per ogni giorno di ritardo). È importante sapere che una Risoluzione dell'Agenzia delle Entrate (Risoluzione n. 91/E del 16 luglio 2004) prevede che le clausole penali inserite nei contratti di locazione scontano l'imposta di registro, il cui omesso versamento, in caso di controllo, è oggetto di sanzione. Pertanto, la previsione di penali va bene, ma il loro inserimento va valutato consapevolmente, facendo una stima fra benefici e costi in termini di imposte che ne derivano.

Infine, la mediazione. Si tratta di una procedura in cui un professionista, il mediatore, aiuta le parti a raggiungere un accordo volontario al fine di evitare una causa in tribunale. Dal 2010 è obbligatorio esperire questa procedura prima di iniziare una causa in materia di locazione, ad eccezione delle ipotesi di sfratto. È un ottimo strumento per evitare costi, tempi e rischi connessi a una causa in tribunale, ma la sua efficacia dipende in gran parte della preparazione e della professionalità del mediatore.

Inoltre, in questo momento storico, nella materia delle locazioni è obbligatoria, ma la legge potrebbe cambiare. Pertanto consiglio di inserire comunque sempre nei contratti una clausola che preveda l'obbligatorietà della mediazione come causa di procedibilità e che indichi espressamente a quale organismo di mediazione si vorrà affidare la controversia. A tal proposito, il mio consiglio è di leggere attentamente lo statuto dell'organismo e di verificare che sia specializzato in materia immobiliare. Esistono diversi organismi in tutta Italia, i cui mediatori sono anche professionisti che operano nel campo immobiliare, quali architetti o ingegneri, e il cui valore aggiunto in caso di controversie tecniche è spesso decisivo per il buon fine della procedura di mediazione.

Nonostante svolga la professione di avvocato da molti anni, o forse proprio per questo motivo, ti consiglio caldamente di evitare il contenzioso in tribunale, perché porta con sé alti costi sia in termini economici, sia in termini di tempo perso ed energie mentali bruciate. Qualora dovessero insorgere delle controversie con un inquilino, è fondamentale rivolgersi a un avvocato specializzato in diritto immobiliare, che abbia una mentalità aperta al problem solving, alla negoziazione e alla mediazione, al fine di trovare una soluzione amichevole.

Per il mio modo di vedere, la causa in tribunale deve essere sempre considerata come l'extrema ratio, l'ultimo rimedio possibile dopo il fallimento dei tentativi cosiddetti stragiudiziali. Infine, è importante sapere e ricordare che è sempre possibile (e spesso anche auspicabile) cercare un accordo transattivo anche se la causa in tribunale è già in corso e anche se è già in fase avanzata.

Il mio obiettivo, in questo libro, è proprio quello di fornirti una strategia che possa aiutarti a evitare del tutto le controversie attraverso la scelta dell'immobile e dell'inquilino giusto, la collaborazione con persone con la mentalità aperta al problem solving e attraverso la stesura di contratti chiari e di facile interpretazione.

Quanto alla forma contrattuale, essendo questo un manuale di taglio pratico, mi limiterò a fornire una serie di nozioni di base unicamente in merito all'unica tipologia contrattuale che consiglio di utilizzare per applicare con successo il metodo "Affitti Rischio Zero", ovvero il contratto di locazione a uso transitorio, disciplinato dall'art. 5, comma 1, Legge 9 dicembre 1998 n. 431, e dal Decreto Interministeriale del 16 gennaio 2017 del Ministero Infrastrutture e Trasporti, pubblicato in Gazzetta Ufficiale n. 62 del 15 marzo 2017.

Il contratto di locazione a uso transitorio è un tipo di contratto di locazione abitativa utilizzato per esigenze temporanee non turistiche, con il quale il proprietario concede, per un limitato periodo di tempo e per un'esigenza transitoria ben individuata, il godimento di un immobile destinato ad abitazione a un altro soggetto, dietro pagamento di un corrispettivo, denominato canone di locazione. La legge determina il periodo minimo e massimo di durata del contratto:

- periodo minimo: 1 mese;
- periodo massimo: 18 mesi.

La legge prevede altresì l'obbligo, a carico di una delle due parti, della registrazione del contratto presso l'Agenzia delle Entrate, nel termine di 30 giorni dalla data di stipula o dalla sua decorrenza (se anteriore).

Ritengo preferibile che sia il proprietario a farsi carico di questo adempimento, così da avere la certezza che l'obbligo di legge sia rispettato. Nei successivi 60 giorni dalla registrazione, il proprietario dovrà darne documentata comunicazione sia all'inquilino, sia – in caso di immobile all'interno di un condominio – all'amministratore, il quale dovrà aggiornare l'anagrafe condominiale.

Un ulteriore aspetto fondamentale da tenere presente è che, fra gli elementi obbligatori del contratto, la legge impone l'espresso riferimento all'esigenza transitoria, la quale giustifica appunto la durata più breve rispetto al contratto ordinario, che deve essere comprovata da idonea documentazione allegata al contratto stesso (ad esempio, la dichiarazione del datore di lavoro relativa a un trasferimento temporaneo del dipendente in un'altra sede).

STRATEGIA n. 34: l'unica tipologia contrattuale che consiglio di utilizzare per applicare con successo il metodo "Affitti Rischio Zero" è il contratto di locazione a uso transitorio.

Se vuoi incidere immediatamente sul rendimento dei tuoi investimenti immobiliari, devi conoscere molto bene anche le normative fiscali o, meglio, affidarti a un professionista specializzato che sia costantemente aggiornato, perché quello immobiliare è un settore dinamico che propone ogni giorno delle novità. In Italia, un imprenditore versa mediamente al fisco la metà o più dei proventi della sua attività: la buona notizia è che, invece, la tassazione dei redditi derivanti da affitti può essere davvero molto conveniente, qualora si scelga di optare per l'imposta flat denominata cedolare secca.

Si tratta infatti di un regime fiscale facoltativo, che si sostanzia nel pagamento di un'imposta sostitutiva dell'Irpef e delle addizionali (per la parte derivante dal reddito dell'immobile) e che si calcola applicando un'aliquota del 21% sul canone di locazione annuo stabilito dalle parti. Recentemente è stata prevista l'applicazione dell'aliquota al 10% per i contratti di locazione ad uso transitorio cosiddetti "a canone concordato", relativi ad immobili che si trovano in un capoluogo di provincia o in un'area metropolitana: si tratta di una tipologia di contratto che prevede l'applicazione di un canone che non è il frutto della libera negoziazione fra le parti, bensì è determinato mediante accordi territoriali conclusi fra le associazioni degli inquilini e le organizzazioni che rappresentano i proprietari.

L'ulteriore vantaggio derivante dall'applicazione della cedolare secca è costituito dal fatto che non dovranno essere pagate l'imposta di registro e l'imposta di bollo, ordinariamente dovute per registrazioni, risoluzioni e proroghe dei contratti di locazione.

A fronte di tali benefici fiscali, l'opzione per la cedolare secca implica la rinuncia alla facoltà di chiedere, per tutta la durata dell'opzione stessa, l'aggiornamento del canone di locazione, anche se è previsto nel contratto, inclusa la variazione accertata dall'Istat dell'indice nazionale dei prezzi al consumo per le famiglie di operai e impiegati dell'anno precedente. Per l'applicazione della cedolare secca, la normativa fiscale prevede una serie di restrizioni in merito alle caratteristiche delle parti del contratto e dell'immobile che, generalizzando, si possono ricondurre alla macro categoria dei soggetti privati che non agiscono nell'esercizio di un'attività professionale o imprenditoriale e degli immobili a uso abitativo.

In questa sede non mi è possibile approfondire la materia, né tantomeno dare suggerimenti generalizzati in merito alla convenienza o meno dell'opzione per la cedolare secca, in quanto è una scelta che dipende dalla valutazione di diversi fattori da esaminare caso per caso. Il mio consiglio è invece quello di affidarti a un fiscalista competente e specializzato in materia immobiliare, al quale sottoporre il tuo caso concreto.

STRATEGIA n. 35: la tassazione dei redditi derivanti da affitti nel nostro paese può essere molto conveniente, qualora si scelga di optare per l'imposta flat denominata cedolare secca.

Ti consiglio di considerare gli investimenti immobiliari come un'attività imprenditoriale vera e propria e come un gioco di squadra: prima lo farai, prima diventerai libero finanziariamente!

RIEPILOGO DEL CAPITOLO 5:

- STRATEGIA n. 32: un grammo di prevenzione (che equivale ad affidare la stesura e la revisione periodica dei tuoi contratti a un avvocato esperto in materia immobiliare) ti farà risparmiare una tonnellata di medicine (ovvero interminabili e costose cause in tribunale).

- STRATEGIA n. 33: i contratti di locazione devono essere scritti in modo chiaro e tale da ridurre l'incertezza interpretativa sgomberando il campo dalle ambiguità: ciò garantisce ottimi profitti e sonni tranquilli.

- STRATEGIA n. 34: l'unica tipologia contrattuale che consiglio di utilizzare per applicare con successo il metodo "Affitti Rischio Zero" è il contratto di locazione a uso transitorio.

- STRATEGIA n. 35: la tassazione dei redditi derivanti da affitti nel nostro paese può essere molto conveniente, qualora si scelga di optare per l'imposta flat denominata cedolare secca.

Conclusione

«Non c'è nulla di più prezioso del ripetere una buona idea» (*Jim Rohn*)

Da anni sognavo di scrivere un libro per condividere il frutto dei miei studi e della mia esperienza, con lo scopo di aiutare quante più persone possibile a ritrovare la fiducia negli investimenti immobiliari e a crearsi una rendita mensile garantita, totalmente slegata dal numero di ore lavorate.

Prima di congedarmi, vorrei rassicurarti sul fatto che vivere di rendita da affitti è possibile ed è anche un'attività che regala tante gratificazioni personali perché, grazie a te e al tuo lavoro, vedrai tante persone soddisfare un loro bisogno abitativo temporaneo che nessun altro aveva nemmeno preso in considerazione.

Ricordati che gli investimenti immobiliari sono un gioco di squadra, quindi crea il tuo team al più presto, segui le strategie del metodo "Affitti Rischio Zero" e ricordati di pianificare la fiscalità per minimizzare le imposte, nei limiti della legalità. Prima lo farai, prima potrai permetterti di smettere di lavorare con la logica delle ore fatturabili e sarai pronto a incassare i profitti generati dagli affitti.

Il metodo "Affitti Rischio Zero" funziona realmente, applicalo con fiducia, compra tante case usando la leva finanziaria, mettile a reddito seguendo le mie strategie e goditi i profitti!

Se non hai tempo o semplicemente se non ti senti ancora sicuro/a per "camminare con le tue gambe", ma sei così lungimirante da aver compreso che si tratta di un business redditizio e a rischio prossimo allo zero, allora non esitare, contattami: insieme troveremo gli strumenti più adatti e ti fornirò la consulenza ed il supporto necessari a farti decollare in questa straordinaria avventura immobiliare!

studiolegaleignelzi.com

ignelziacademy.it

Ringraziamenti

Giunta alla fine di questa straordinaria avventura, il mio più sentito ringraziamento va innanzitutto ai miei collaboratori, che in questi mesi mi hanno supportato in modo particolare, permettendomi così di dedicarmi con tutta me stessa alla realizzazione di un sogno: scrivere il mio libro.

Ringrazio poi tutti i miei clienti, soprattutto coloro i quali si sono rivolti a me per una consulenza quando ancora il Metodo "Affitti Rischio Zero" era in fase embrionale: la loro fiducia è stata la mia più grande forza per non mollare, anche nei momenti più difficili.

La mia immensa gratitudine è poi rivolta a tante persone, la maggior parte delle quali non ho mai avuto il piacere di conoscere personalmente, ma che hanno avuto un ruolo fondamentale nel mio percorso di crescita professionale: gli Autori dei tanti libri e manuali che ho studiato con passione ed i Formatori che ho ascoltato dal vivo con ammirazione, seduta nelle prime file dell'aula.

Un pensiero di particolare riconoscenza lo dedico poi alla persona che per prima si è occupata della mia formazione: la mia Maestra delle elementari, la signora Licia, che mi ha trasmesso l'amore per lo studio e la sete di conoscenza, che mi hanno accompagnato per tutta la vita. La ricordo sempre con grande affetto ed ammirazione.

Un caloroso pensiero di gratitudine vola poi alla persona di Giacomo Bruno e a tutto il meraviglioso staff della Bruno Editore, che con professionalità ed umana comprensione mi hanno supportata nella realizzazione di questo libro. Ugualmente prezioso è stato l'aiuto di tutti gli amici, in particolare di Fabio Sartori, che hanno letto le bozze in anteprima ed hanno espresso le loro preziose critiche costruttive, che mi hanno permesso di migliorare l'edizione finale.

Il ringraziamento più importante è per il mio Lettore, per Te che hai dato valore ai miei contenuti e sei arrivato fino alla fine. Ti sono davvero grata per avermi dedicato il Tuo tempo e voglio che Tu sappia che per me è stato un onore averTi accompagnato in

questo percorso.

La Tua opinione per me è importante, perché il contributo degli altri è l'ingrediente più prezioso per il mio obiettivo, ovvero il costante miglioramento. Pertanto, Ti chiedo di lasciare una recensione al mio libro e un commento con la Tua opinione.

Grazie!

Stefania Ignelzi